信念如磐

——大别山红色文物故事

鄂豫皖苏区首府革命博物馆 著

海燕出版社

·郑州·

图书在版编目（CIP）数据

信念如磐：大别山红色文物故事 / 鄂豫皖苏区首府革命
博物馆著. — 郑州：海燕出版社，2024.3
ISBN 978-7-5350-8814-7

Ⅰ.①信… Ⅱ.①鄂… Ⅲ.①大别山–革命文物–介
绍 Ⅳ.①K871.6

中国国家版本馆CIP数据核字（2024）第061363号

信念如磐——大别山红色文物故事
XINNIAN RU PAN——DABIESHAN HONGSE WENWU GUSHI

出 版 人：李 勇	内文插图：王 皓	
策划编辑：王茂森	责任校对：郝 欣	
责任编辑：王茂森	王 达	
王 敏	责任印制：邢宏洲	
装帧设计：张 军	责任发行：贾伍民	

出版发行：海燕出版社
地址：河南自贸试验区郑州片区（郑东）祥盛街 27 号
网址：www.haiyan.com 邮编：450016
发行部：0371-65734522 总编室：0371-63932972
经 销：全国新华书店
印 刷：河南瑞之光印刷股份有限公司
开 本：710毫米×1000毫米 1/16
印 张：9
字 数：180千字
版 次：2024 年 3 月第 1 版
印 次：2024 年 3 月第 1 次印刷
定 价：32.00 元

本书编委会

主　任：杨裕盛

副主任：宋晓敏　戴璐璐　李　森　吴曦光
　　　　马媛媛

委　员：（以姓氏笔画为序）
　　　　刘贝贝　汤　盛　李新华　吴一波
　　　　吴青青　汪　海　陈　霞　韩　兰

主　编：刘贝贝

副主编：吴青青

★ 前 言

习近平总书记强调指出，要把革命文物保护利用工作列入重要议事日程，加大工作力度，切实把革命文物保护好、管理好、运用好，发挥好革命文物在党史学习教育、革命传统教育、爱国主义教育等方面的重要作用，激发广大干部群众的精神力量，信心百倍地为全面建设社会主义现代化国家、实现中华民族伟大复兴中国梦而奋斗。

大别山，是红色的山、英雄的山。新民主主义革命时期，大别山人民在中国共产党的领导下，浴血奋战，薪火相传，红旗不倒，火种不灭，奏出了历史的强音，写下了辉煌的篇章。这里是中国共产党的重要建党基地，1921年冬就有了党的组织；这里是大革命时期农民运动风起云涌的地区，农民运动席卷山乡；这里是土地革命战争时期黄麻、商南、六霍三大武装起义的爆发地，开辟了全国第二大革命根据地——鄂豫皖革命根据地；这里是人民军队的重要发源地，先后创建了红四方面军、红二十五军、红二十八军以及新四军第五师；这里也是中国革命的重要战略转折地，中原突围在此拉开了解放战争序幕，刘邓大军挺进大别山吹响了

1

战略反攻的号角。大别山28年红旗不倒，亲历了中国革命的苦难辉煌历程，孕育了"坚守信念、胸怀全局、团结奋进、勇当前锋"的大别山精神。

长期的革命斗争，在这里留下了大量的革命文物。这些革命文物见证了大别山波澜壮阔的斗争历程，蕴藏着感人至深的革命故事，辉映着共产党人的初心使命，是弘扬革命传统和革命文化、加强社会主义精神文明建设、激发爱国热情、振奋民族精神的生动教材。

鄂豫皖苏区首府革命博物馆是全面展示大别山28年革命斗争历史的红色博物馆，是全国爱国主义教育示范基地、全国百个红色旅游经典景区、国家一级博物馆。近年来，博物馆依托大别山丰富的革命文物资源，实地走访革命遗迹和文物保护工作者，采访文物捐献人或其后代，深入挖掘文物背后的故事，提炼文物承载的革命精神，整理撰写了一些革命文物故事，择其14篇结集出版《信念如磐——大别山红色文物故事》。该书以文物为线，故事相串，叙事为主，叙议结合，力求避免一般性介绍，突出故事性、情节性和可读性。文风朴实，简洁流畅。

以史鉴今，资政育人。希望此书能让广大读者对大别山革命斗争以及大别山共产党人的风骨与情怀有所了解，从中受到教育。

鄂豫皖苏区首府革命博物馆馆长

2021年10月8日

目 录

青砖墙上的《土地法》

一级文物：

写有《中国苏维埃第一次全国代表大会土地法令草案》
的青砖墙

扫码观看视频

　　这是一面不寻常的墙，高 1.42 米，宽 2.86 米，壁面以石灰泥抹平，洁白光滑，自右至左，用毛笔楷书竖排整齐书写着《中国苏维埃第一次全国代表大会土地法令草案》（以下简称《土地法》），字体规范清晰，四周有花边图案。1991 年，有关部门把它从新县箭厂河方湾村（原属湖北黄安县，即今湖北红安县）一户农家墙上整体切割下来，搬运到鄂豫皖苏区首府革命博物馆，这是迄今为止所发现的土地革命时期全国唯一一面书写有土地法令的青砖墙壁，也是该馆的"镇馆之宝"。它的产生和保留，在那个特殊年代有着特殊意义，在今天也依然见证着中国共产党人的初心和使命。

将写有土地法令的青砖墙搬运到鄂豫皖苏区首府革命博物馆

一

土地是农业最重要的生产资料，是农民赖以生存和发展的最基本的物质条件，是农业之本、农民之根。然而，旧中国封建土地制度极不合理，占农村人口总数不到 10% 的地主、富农，却占有 80% 左右的耕地，他们正是凭借土地残酷剥削压迫农民。而占农村人口总数 90% 以上的农民，则只占有 20% 左右的耕地，因无地耕种，他们只好给地主、富农打长工，他们终年辛苦劳动，却食不果腹、衣不遮体，长年挣扎在生死线上。由此,也激起了极其尖锐的阶级矛盾。无地,是旧中国农民的苦难根源;耕者有其田,是他们祖祖辈辈的梦想。

为消灭不合理的社会制度,改善生产关系,促进生产力的发展,民主革命先驱做了许多努力和尝试,却没有从根本上解决中国农村的社会问题。大革命失败后,中共中央在汉口召开紧急会议(八七会议),明确提出实行土地革命的总方针,吹响了消灭封建土地制度的进军号角。

中国共产党不仅是伟大构想的谋划者,更是脚踏实地的实践者。1927年9月,湘赣边界爆发秋收起义,起义部队开赴井冈山,实行工农武装割据,开展"打土豪、分田地"的土地革命斗争。1928年底,湘赣省苏维埃政府制定了我党历史上第一个土地法——井冈山《土地法》。1929年4月,在总结赣南土地斗争的基础上,吸收井冈山《土地法》的成功经验,毛泽东亲自主持制定了兴国县《土地法》。在中共中央的统一领导下,全国各根据地土地革命开展得轰轰烈烈。

大别山麓的黄麻起义,开启了鄂豫皖区域土地革命实践。1928年夏初,起义部队进驻鄂豫边界的柴山保地区,"学习井冈山的办法",开辟柴山保革命根据地。1929年4月下旬,鄂东北特委成立,1929年五六月间,为加紧贯彻中共六大决议,黄安、麻城、黄陂(今湖北武汉市黄陂区)、孝感(今湖北孝感市)县委和红三十一师党委召开第二次"五委"联席会议,制定《临时土地政纲》。此后,各级农民委员会和苏维埃政权纷纷建立,土地改革相继启动。当年年底,鄂豫边区第一次工农兵代表大会召开，成立了鄂豫边革命委员会，对《临时土地政纲》进行了充分讨论，回顾总结了前一段土地改革的经验和教训，进一步制定了更加完善、更具有可操作性的鄂豫边革命委员会《土地政纲实施细则》，鄂豫边乃至后来豫东南、皖西的土地改革，都是依照或参照这一纲领性土地政策逐步推进的。千百万大别山农民由此分得了土地，免除了债务，如同获得了新生，革命热情空前高涨。但这一时期的土地改革毕竟在摸索中前进，难免出现这样那样的问题，出现过反复和曲折。

鄂豫边革命委员会《土地政纲实施细则》

1931 年 11 月 7 ～ 20 日，中华苏维埃第一次全国代表大会（简称"全苏一大"）在江西瑞金召开，会议决定成立中华苏维埃共和国临时中央政府，讨论和通过了一系列法律、法令、条例，其中，《中华苏维埃共和国土地法》作为中国共产党 4 年多来的土地革命实践结晶，备受各界关注和广大农民的拥护。《中华苏维埃共和国土地法》全文共 14 条，首次以国家的名义、以法律的形式，把土地革命的任务固定下来，其目的就是摧毁封建生产关系，变封建土地所有制为农民土地所有制，满足农民对土地的要求，它无疑给千百年来饱受无地之苦的亿万农民带来了福音。

当时，鄂豫皖苏区与中央苏区的快捷联系，是依靠鄂豫皖军委的无线电台，通过湘鄂西革命根据地电台转达，但这只限于紧急的、简短的电文，篇幅较长的纸质文件，还是靠党建立的地下交通线传递。"全苏一大"召开时，鄂豫皖苏区发去了贺电。其间，中央苏区也向各大根据地通报了大会简况，会议通过的决议和有关文件，都是事后由地下交通线转来的。

鄂豫皖苏区对落实中央指示精神历来是积极的。"全苏一大"文件传来后，中共鄂豫皖省委指示鄂豫皖特区苏维埃政府，将其中的《宪法大纲》《土地法》《劳动法》等进行翻印下发，翻印任务具体由设在新集巴棚的石印科执行。但翻印的文件与后来正式颁发的文件有一定出入，这是有原因的。

1930 年 1 月上旬，共产国际远东局就向中共中央提议召开全国各苏区代表大会，本打算在当年十月革命纪念日——11 月 7 日召开。由于环境险恶，筹备工作一度停顿，会期一拖再拖，共产国际对此甚为不悦，不断敦促尽快召开"全苏一大"，甚至越俎代庖，远东局直接起草大会主要法律文件。

1931年9月20日，中共中央作出决议，"在十月革命纪念日正式成立苏维埃全国临时中央政府"。11月7日，大会按时开幕。按照程序，大会通过决议和法令后，会后要根据会议讨论意见进行修订完善。当时，一是急于传达贯彻"全苏一大"精神；二是斗争形势复杂，交通员的日程安排容不得等到正式文件出台。因此，会议刚刚结束，经由江西—上海—武汉—鄂豫皖苏区这条线路的交通员，就带上会议文件草案，匆匆出发。所以，鄂豫皖苏区翻印的文件与后来正式文件有些出入，也在情理之中。如《中华苏维埃共和国土地法》印成了《中国苏维埃第一次全国代表大会土地法令草案》，尽管内容也是14条，但有多处表述上的差异，不过总的原则和主要内容是一致的。文件印好后，《宪法大纲》等，下发根据地各县、区，《土地法》《劳动法》等一直下发到乡、村，层层贯彻落实。

二

1932年开春，黄安县紫云区二乡苏维埃主席开会带回《土地法》等宣传品，交给了各村苏维埃负责人，并特地要求，要在全区最大的村方湾村的显著位置全文抄写《土地法》，因为土地是农民最为关心的东西，土地政策也最牵动百姓的心。

方湾村地处黄麻交界的太平寨下，错落的房子依山而建。村西一条小溪蜿蜒而出，一条大路自北向南，将全村一分为二。全村 300 多户 700 多人，几乎全为方姓，村里的几家地主富农，慑于革命形势而逃跑，剩下的全是穷苦贫农。

村土地委员悄悄找到村苏维埃主席方忠晓（亦是村党支部书记）一起商量这件事，不约而同地选中湾子中间方应凤家的前墙。这里只和大路隔着一口小塘，行人绕塘向前跨几步，便可以来到墙下，便于观看。方应凤也是穷苦人出身，凭着祖上省吃俭用盖下的三间瓦房，娶了媳妇生了娃，闹革命之后，日子过得才像个样子。听完方忠晓和土地委员的来意，方应凤两口子带着七岁的儿子方明周马上动手，搬走墙根堆放的柴草。土地委员从何岗请来瓦匠，在方应凤家大门右侧的前墙上选了一块地方，先用砂灰打底，再用灰油罩面，用了几天工夫，砌出一块 6 尺见方的"灰台"，上沿还嵌上了一排青瓦，用来挡雨排水。

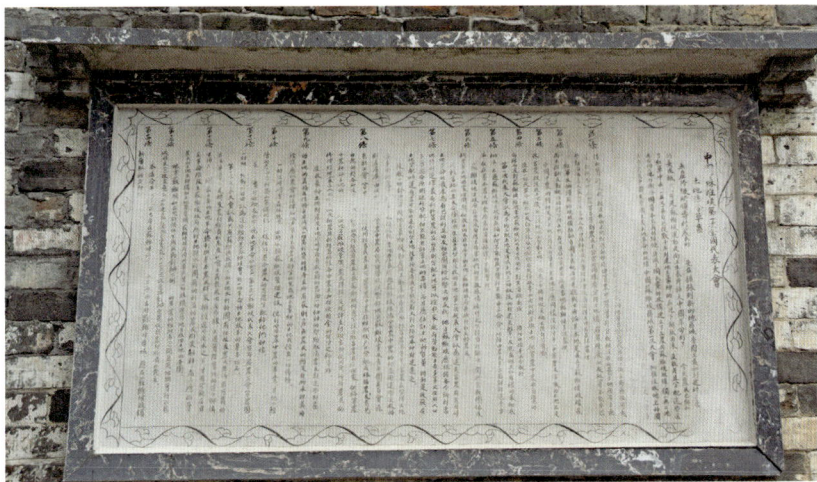

《土地法》原址复原文物

　　"灰台"是准备好了，可叫谁写呢？方应凤脱口而出："那还不是叫'道士'写呀。"那个被称作"道士"的，就是本村的方思规。他于光绪乙酉年（1885年）十二月生，自小家贫，一岁时过继到四十好几还无子嗣的方敬传名下，没想到两年后，养父养母却喜得贵子，顺"思规"取名"思矩"。尽管有了自己的亲生儿子，方敬传夫妇并没嫌弃方思规，8岁时送他到闵山私塾念书，15岁时送他拜程老先生为师学唱道。"百艺好藏身"。在那个苦难的年代，唱道还是很多人羡慕的职业哩。方思规聪明伶俐，学啥会啥，不仅道唱得好，而且肚子里有墨水，尤其是写得一手好字，在整条山冲都有名。23岁时，家里又张罗给他完亲，妻子卢氏为他一口气生了三个儿子。大革命时期，农民运动席卷黄安北乡，大儿子方忠仑、二儿子方忠锋先后参加农民协会，后来又参加箭厂河农民自卫军，在黄麻起义前后都英勇牺牲了。1930年，鄂豫皖地区的革命闹得很红火，鄂豫边区的箭厂河是最早的老区，许多边区机关都放在了这里，到处一派欣欣向荣的景象。四十出头的方思规当选为二乡苏维埃秘书，他如同获得新生，浑身像小伙子一样充满活力。他早就不去唱道班了，成天忙着苏维埃抄抄写写的工作。蔡山小学（村列宁小学）办起来后，没有老师，村苏维埃又把他要去当兼职老师，他二话没说，隔三岔五就高高兴兴去教那一二十个孩子读书识字。

　　村土地委员找来了方思规，他果然不负众望，只用了不到两个时辰，便把《土地法》"搬上"了青砖墙。他边写边轻声念读，很快，招来了过往行人，围观的男女老少一开始是看新鲜，接着夸奖方思规漂亮的楷书。

"到底是先生啊，漂亮！"

慢慢地，大家就注意听方思规念的内容："所有封建土地军阀豪绅寺院以及其他大私有的土地无论他自己经营或出租一概立即无任何代价地实行没收。""任何分地雇农苦力劳动农民不分男女同样有分得土地权。"乡亲们越听越觉得热血上涌，七嘴八舌议论起来：

"听说这是江西传过来的，全中国都要实行。"

"嗯，这是为老百姓撑腰的。"

"好是好呀，能不能都兑现呀？能不能长久呀？"

……

群众的担忧是可以理解的，但接下来新一轮土地改革让他们吃了"定心丸"。这次土改把土地重新复核一遍，彻底没收了祠堂庙宇公产，纠正了过去"好田坏田一把抓"的偏差，广大农民喜气洋洋，笑逐颜开，唯一让他们担忧的就是国民党还乡团要是打回来，又要把到手的田地夺回去。

此时，红四方面军正在进行苏家埠战役，鄂豫皖省委和省苏维埃政府正在老根据地大力开展扩红及支前活动。消息传到方湾，青壮年都坐不住了，纷纷做家里工作：

"不当红军谁来保护我们的田地呀？"

"我走了，弟弟种田给你们养老送终。"

……

这段时间，方湾一带村村寨寨，家家灶头都出现一条小布袋，每逢做饭时，主妇总要从瓦盆里抓出一把米，装进口袋，叫作"红军粮"。不出一个月，整个黄安北乡家家如此，而且这个规矩一直持续到红四方面军西征转移。

不久，一群小伙子也从方湾走出了山冲，参加红军上了前线。加上原来陆陆续续参军的，全村已经有30多人当了红军。这次，方思规仅剩下的第三个儿子方忠岳，也偷偷与其他几个青年一起跑去当红军了。这孩子起先还有些书信回家，后来随着部队南征北战，最后不知所终。

抄写完《土地法》后，方思规又回到蔡山小学教书。此时，鄂豫皖苏区的"肃反"政策依然盛行，并且从部队"肃"到了地方，从前方"肃"到了后方，一些读过书的、成分不好的苏维埃工作人员隔三岔五失踪，有的区、乡杀得只剩下几个临时帮忙的。

方思规也未躲过厄运，死于"肃反"扩大化中。1987 年，新县人民政府为他颁发了《因公牺牲证明书》。

三

中国社会各阶级及其政治代表对土地问题的态度和解决办法是不同的。民族资产阶级和小资产阶级政党的土地纲领是不坚决、不彻底的。代表大地主、大资产阶级利益的国民党则维护封建土地所有制，根本没有动封建土地制度一根毫毛。只有中国共产党最坚决地领导广大贫苦农民，向统治了中国社会几千年的封建土地制度猛烈开火。

农民是最讲究实际的，从土地问题上，他们看清了谁好谁歹。从接下来对方湾《土地法》青砖墙的接力保护可以看出人心向背。

1932 年秋，鄂豫皖苏区第四次反"围剿"失利，主力红军西征转移。国民党 30 万大军除 10 万追击主力红军外，其余 20 万兵力继续"清剿"老根据地。一时间，好端端的苏区狼烟四起，国民党军实行"三光"政策，根据地人民陷入血泊之中。鄂豫皖省委及时重组主力红军和地方武装，由于箭厂河一带有红二十五军军部率特务营、独立第七师在坚持斗争，沿太平寨、光裕山、羚羊山一带暂无国民党军闯入。

为了适应新的斗争形势，方湾村苏维埃动员群众坚壁清野、分批转移。方忠晓悄悄找到方应凤，商量一件大事情——掩蔽《土地法》墙。很快，方应凤夫妇顺着前墙垒起了一个猪圈，里面堆上柴草和杂物，然后跑到山上避难。两天后，"剿共"急先锋光山易本应民团窜入方湾，烧杀抢掠。匪军撤走了，方忠晓和方应凤夫妇下山一看，猪圈也被烧了。还好，焚烧的烟灰把《土地法》蒙住了，不仔细看还真看不出来。但下一步怎么办？几个人冥思苦想，终于想出了一条妙计。

第二天，方应凤见人就说，房屋渗水需要整修，猪圈烧了就算了，要把正屋搞牢靠。然后他们一家起早贪黑，采用农村传统办法，用泥巴将剪齐的用于沥水的茅草一层一层糊上墙面，远看就像村里常见的土筑墙，风干之后便形成了一个密密实实的保护层。就这样，《土地法》砖墙被巧妙地保护起来。

敌人对根据地的"清剿""围剿"一阵紧似一阵，形势越来越严峻，家里是没法待了，大部分村民跑出去避难了。颠沛流离之中，方应凤患病倒毙他乡，妻子和幼小的儿子方明周也被万恶的国民党军卖到江西。村苏维埃主席方忠晓和土地委员也相继被易本应民团杀害。

国民党又逐渐统治了这一地区，在后来近二十年时间里，尽管世事更替，村人换代，几百人的方湾，却无一人泄露那面墙的秘密。是啊，这里的人民受过大革命的洗礼，经历过土地革命的风暴，熬过最黑暗最艰难的日子，却没一个人屈服低头。国民党军和地方反动派无可奈何地说："这里的三岁孩儿都红到骨子里去了。"村民们在默默坚守，守护心中的希望，他们坚信，只要《土地法》还在，只要共产党还在，总有一天田地还会回到穷人手中……

斗转星移，时间已是1966年，人们早已过上安稳日子，成年的方明周早已回到方湾老房子娶妻生女。这年，他觉得老房子真该修葺一番了。当他揭开泥层，呆住了，眼前的墙上分明有字迹。嗯，有点印象，小时候这里是有块写满字迹的灰台。他意识到这也许不寻常，于是没敢随意乱动。乡干部吴世书（后任箭厂河革命纪念馆馆长）听到消息连忙赶了十几里山路前来察看。他断定：这是一处重要的革命历史遗迹。他一边报告上级部门，一边叫人把墙面小心清理出来。随后，他又在县文物管理委员会的指导下，请来箭厂河第四中学教导主任曾宪瑞，重描《土地法》字迹。

当时正处"文革"时期，各地都在批斗当权派中的"走资派"，曾宪瑞正是学校当权派中的"臭老九"。白天，他除了学校的事，还要赶几十里到方湾描字；夜晚，再回到箭厂河接受批斗。吴世书看不下去，让他歇歇，他说："这是历史，我在还原历史，我能干下去。"红卫兵听说曾宪瑞在描什么字，窜到方湾一把拉下正在细心描摹的曾宪瑞，就往墙上泼石灰水。没想到石灰水太稀，盖不住字迹，红卫兵们就准备动手砸。正在此时，听到消息赶来的吴世书大声呵斥："你们想干什么？这是革命文物，你们这是在犯罪！"红卫兵们被吴世书的凛然正气镇住了，一个个灰溜溜地走了。

曾宪瑞又得以重描《土地法》字迹，描完之后，吴世书报请上级，安排方明周的邻居、生产队队长方应发专门负责照看。1978年，新县文物部门在这面墙壁外做了一个半边木框式的保护罩，并镶嵌了一块40厘米见方的大理石保护标志。每逢有人参观，方应发就开锁、讲解、落锁，平时住在紧靠方明周一侧的卧室，日夜守护。一晃二十多年过去，1991年，县政府为他颁发荣誉证书，表彰他在保护《土地法》青砖墙中做出的突出贡献。

手持荣誉证书的方应发

1991年9月，河南省文物局下拨专款，并派省古代建筑保护研究所文物保护专家陈进良现场指导，将此文物整体搬迁至鄂豫皖苏区首府革命博物馆，进行保护性展示。该文物1998年被确定为"国家一级文物"。

百年风雨兼程，百年砥砺前行，中国共产党率领广大民众从一个胜利走向另一个胜利。而这面承载着无数农民希望的青砖墙，就像一位历史的见证者，默默地诉说着共产党人的初心和使命。

红军也曾有飞机

三级文物:
修理"列宁号"飞机用的卡尺、活口扳手和特制扳手

扫码观看视频

　　1974 年，新县郭家河公社组织群众改河造田时，在河滩中挖出了一把卡尺、一把活口扳手和一把特制扳手。

三件物品均由金属铸成，由于年代久远，又埋于河边，表面都已锈蚀。其中，卡尺起测量作用，尺体全长 14.7 厘米；活口扳手全长 21 厘米，与现在使用的扳手一样，扳把上刻有字母 2711S-ΩDOU-SIEL；特制扳手全长 16.7 厘米，扳柄为直径 1.2 厘米的圆柱形铁柄，口为固定的半圆，圆内径为 6.6 厘米，外径为 7.4 厘米，两端内均有一个卡头。

三件工具被发现后，当地群众都很诧异：在这大山深处，为什么埋藏着刻有外文的修理工具？于是便请来村里的长者询问。据老人回忆，1931 年，郭家河河滩曾建有机场，河边用大石条砌有机库，专门停放和检修飞机，这三件文物出土的地方就是当年机库所在地。

虽然不明白这三件工具当年是如何产生、如何使用、如何埋藏的，但大家明白，这一定非同一般，便纷纷提议上交。随即，由专人将其包好，交给了当时公社民政助理吴凤先保管，后又由吴凤先转交给新县文管会。目前，三件文物均被珍藏在鄂豫皖苏区首府革命博物馆里。

讲述这三件文物背后的故事，还需从我军历史上第一架飞机——"列宁号"说起……

从天而降

1930 年年初的一个早上，在距河南罗山宣化店（今属湖北大悟）西南 10 公里的陈家河河滩上空，传来一阵阵轰鸣的马达声，随即群众蜂拥而至，聚集在河滩上。

"列宁号"飞机

突然，有赤卫队队员高喊："飞机，飞机！"当时，正在陈家河休整的手枪队队长钱钧（河南光山籍开国中将）听到动静，带领手枪队迅速赶到河滩上一探究竟。只见一架涂有国民党"青天白日"标志的飞机晃晃悠悠地降在了河滩上。赤卫队队员迅速将飞机团团围住，当即俘获了飞行员。

以往，人们见过国民党的飞机，但那都是在敌人扫射、轰炸我军民的时候，群众一听到这种"嗡嗡"声，就慌忙到处躲藏。所以，大家只知道飞机是一个身子两个翅膀，像个鸟似的，至于里面什么样子，谁也没见过。现在，一架真的飞机就停在眼前，大家都想去摸一摸、看一看。为了保护飞机，手枪队派出岗哨进行警戒，同时，向群众和队员们说明不能乱摸乱动飞机的道理。

陈家河一带是革命根据地和国民党控制地区的交界处。红军缴获飞机的消息很快传到了国民党暗探耳朵里。缴获飞机的第三天，驻河西姚畈的反动民团便分三路向陈家河河滩突袭，妄图抢回飞机和飞行员，均被我红军和赤卫队打退。

中共鄂豫边特委和工农民主政府得到缴获一架敌机并生俘飞行员的报告后，指示罗山县委和驻在罗山的红军：要保证飞行员的安全，保护好飞机，并设法尽快把它运回到根据地中心地隐藏起来。于是，我红军和赤卫队将飞行员转移到安全地带。经过对他的审问得知，原来这是国民党军队一架双翼"柯塞"02U-4型侦察机，从汉口飞往开封执行通信任务。在返回途中，因大雾迷航，燃油耗尽，迫降在此。飞行员名叫龙文光，1899年生于四川崇庆县（今四川崇州市），曾入黄埔军校第三期步兵科、广东航校、苏联第二航空学校学习。龙文光被俘后，经过教育，表示愿意为红军服务。他为表达投身革命的决心，毅然更名为龙赤光。

不久，这架飞机被拆下机翼，在红军、赤卫队员和当地群众的共同努力下，又推又抬，运到了卡房林家湾，停放在村后山脚下平坦处，外搭茅草屋，将其掩藏。

1930年2月28日，中共鄂豫边特委在致中共中央的信中写道："据驾驶人云：飞机是在中美航空协定以后在美国买的，价值六万元。我处无人驾驶，请速派驾驶人来。"

1931年春，鄂豫皖特委和军委决定把飞机装配起来，成立特区苏维埃政府航空局，任命龙文光为局长，派遣曾在莫斯科航空学院学习过的钱钧为政治委员，航空局设在新集城北普济寺内。1931年5月，鄂豫皖革命军事委员会成立后，特区苏维埃政府航空局更名为鄂豫皖革命军事委员会航空局（以下简称航空局）。航空局除围绕"列宁号"飞机开展日常工作外，还经常给苏区军民普及航空、防空知识。1932年2月，鄂豫皖苏区列宁高级学校由郭家河迁到新集，龙文光和钱钧曾在这里给学员讲解飞机的基本构造及如何防御敌机轰炸的知识。

航空局旧址——新集普济寺

在成立航空局的同时，苏维埃政府组织人力、畜力将飞机从卡房运到箭厂河的仁家畈、黄谷畈之间的河滩上重新装配。运送的过程，在郭述申的一篇回忆文章中曾这样描述："沿途工农民主政府组织运送，在到达仁家畈前，黄安县紫云区第三乡工农民主政府主席吴行千也参加了组织运送。他从争相报名参加运送飞机的群众中挑选了145名身强力壮的人组成了搬运队，逢山开路，遇水架桥。庞大的机身前面有人用纤绳拉，后面有人推，机身两侧有人扶，喊着劳动号子，一步一步地向前挪动。几十里路程，搬运队在沿途群众全力支持下，用半个月的时间，完好无损地将飞机运到了仁家畈。"

1931 年 4 月，在钱钧、龙文光和红军兵工厂工人的共同努力下，飞机又被重新组装起来，机身涂上银灰色油漆，机翼两端的两颗红星在阳光的照射下熠熠发光。为了纪念十月革命，表达对革命导师列宁的敬意，大家特在机身上绘制了"列宁"两个红色大字。就这样，中国工农红军的第一架飞机——"列宁号"在鄂豫皖革命根据地诞生了。

一鸣惊人

为了便于"列宁号"起降，苏维埃政府在鄂豫边的林家湾、郭家河、仁家畈、新集及皖西的麻埠、金家寨均修建了简易机场，这些机场大多修建在平坦的河滩上，有的还盖有简易机库，并配备了必要的维修工具。郭家河河滩发现的工具很有可能是当时地下交通员从汉口购得的。

1931 年 9 月初，担任中共鄂豫皖中央分局委员的陈昌浩去皖西执行任务，准备搭乘飞机去金家寨。此前，"列宁号"曾在简易机场之间转场，这次是首次执行飞行任务。起飞的那天早晨，密集的人群拥挤在新集机场附近。在隆隆的马达声中，"列宁号"滑出跑道飞上天空，欢送的群众挥动双手和草帽，高声欢呼。飞机远去，逐渐消失，大家还抑制不住激动的心情，七嘴八舌议论不休：

"以往都是我们被国民党的飞机扫射，现在我们红军也有了飞机！"

"谁说红军只有土枪、土炮，我们现在也开上了洋飞机！"

……

从新集到金家寨航程200余里，飞机十几分钟就飞到目的地上空。由于新修的金家寨机场雨后遍地泥泞，飞机无法降落，于是"列宁号"临时改变航向，转飞附近的固始投撒传单。固始县城里的敌人听到飞机的轰鸣声，以为是他们自己的飞机，都伫立街头观望，当他们看到飞机上的红五星徽记和撒下的传单时，吓得争相逃命。"列宁号"又继续飞往潢川、光山进行侦察和投撒传单。沿途敌军发现原来是红军的飞机，都龟缩在掩体里，不敢露头。"列宁号"在敌区上空继续飞行一段时间，返回新集机场。

9月8日，"列宁号"又到汉口进行侦察和飞行示威。飞机飞抵京汉铁路南段和黄陂、汉口郊区上空时，投撒了大量革命传单，震动了敌巢，敌人发布命令实行灯火管制。这次行动使武汉三镇的国民党反动派惊恐万状，国民党反动派的《扫荡三日刊》惊呼："共军'列宁号'飞机近日曾连续骚扰潢川、汉口等地……现有关军方，已通令各地严加防范。"

11月7日，中国工农红军第四方面军在黄安县七里坪成立，旋即挥师南下攻打黄安县城。经过我军近40天的打击和围困，黄安守敌已弹尽粮绝，加之援军连连溃败，军心更加动摇。方面军总部认为，攻城条件已经成熟，遂决定向敌发起总攻，全歼黄安守敌。部队在嶂山集结待命时，传出一个令人振奋的消息：总部首长计划让"列宁号"参战！据开国中将秦基伟回忆，他当时所在的连队也正式接到通知："'列宁号'要来黄安城轰炸敌人，散发传单，各部队不要发生误会。"战士们欢天喜地，奔走相告，有的高兴地逗乐说："过去敌人的飞机跟着我们瞎嗡嗡，现在也让他们尝尝红军的'鸡蛋'是咸的还是淡的。"

轰炸黄安县城的前一天，徐向前等红四方面军领导与飞行员一起到黄安城南高地上观察，确定了"列宁号"参战方案。为了充分发挥"列宁号"飞机的战斗作用，红军兵工厂的工人们因陋就简，自力更生，从敌人丢下的炸弹中，选了两枚迫击炮弹，修好撞针和引信，并在机翼下安装了两个挂弹架，挂上迫击炮弹，这架侦察机又被改装成了轰炸机。

第二天拂晓，红四方面军总部发出向黄安守敌发起攻击的命令，敌军仍在顽抗。上午九时，从东北方向传来飞机马达声，蔚蓝色的晴空出现一个移动的黑点，渐渐逼近黄安县城。黄安守敌还以为是他们自己的飞机来助战，毫无戒备。飞抵黄安县城上空时，"列宁号"突然来了一个俯冲，两枚迫击炮弹随即投落下去，其中一枚正中守敌六十九师师部。一时间，硝烟、瓦砾腾空而起，敌军大乱，才发现是红军的飞机进行轰炸了。在我军阵地上，指战员挥舞红旗、枪支和军帽向英雄的"列宁号"致意，祝贺它第一次对敌人阵地袭击成功。

黄安守敌遭轰炸后，军心彻底崩溃。第四天傍晚，敌六十九师师长赵冠英率部弃城南逃。红军乘胜追击,追至长轩岭全歼逃敌。途中在高桥,赤卫队活捉了赵冠英。"列宁号"飞机创造了我人民军队首次地空协同作战的模范战例。

余音袅袅

1932年7月,蒋介石调集40万兵力,向鄂豫皖革命根据地疯狂地发动了第四次"围剿"。"列宁号"飞机在根据地群众的精心保护下,随红军转移了几个地方,终因战斗频繁,环境日趋恶劣,不得不拆卸开来埋藏在大别山偏僻的山沟里。之后,国民党军对鄂豫皖革命根据地大肆"清剿",千方百计地想找到埋藏起来的红军飞机,却一直一无所获。新中国成立后,在红安县发现了"列宁号"飞机的蒙布,现藏湖北省博物馆。

鄂豫皖军委航空局局长、"列宁号"飞机的驾驶员龙文光随部队投入反"围剿"斗争，在一次战斗中与部队失散，辗转回到汉口，隐匿家中。他十分牵挂红四方面军，想通过广播电台了解他们的去向，没料到在让妻子黄秋英送修收音机的过程中，被国民党特务盯上，于1932年9月10日被捕入狱。"列宁号"轰炸黄安这件事，让蒋介石气得咬牙切齿，曾宣称一定要抓住龙文光以解心头之恨。龙文光被捕后，他在广东航校和留苏时的老同学、老上司以及国民党航空界高层人物毛邦初、张廷孟、张有谷等人联名向国民党当局上书，称"中国航空缺乏人才，望能给一条活路，用其所长"，但终未获蒋介石批准。1933年8月9日，国民党政府以"带机投匪"罪，在湖北武昌威尔台杀害了龙文光。同年年底，龙文光被中共西北革命军事委员会（红四方面军转移到川陕后建立的最高军事机构）追认为革命烈士。

红军的第一架飞机——"列宁号"，凝聚着红军和根据地人民对掌握现代化武器的向往和渴求，它在中国革命史、中国工农红军战史和中国人民空军史上，写下了光辉的一页。为纪念人民空军的初创，加强革命传统教育，1986年，中国人民解放军空军将一架"初教-6"退役飞机改装成"列宁号"复制机赠予鄂豫皖苏区首府革命博物馆，陈列在馆内的大别山国防教育园内供观众参观、学习。

血染的党证

二级文物:

陈波血染的党证

扫码观看视频

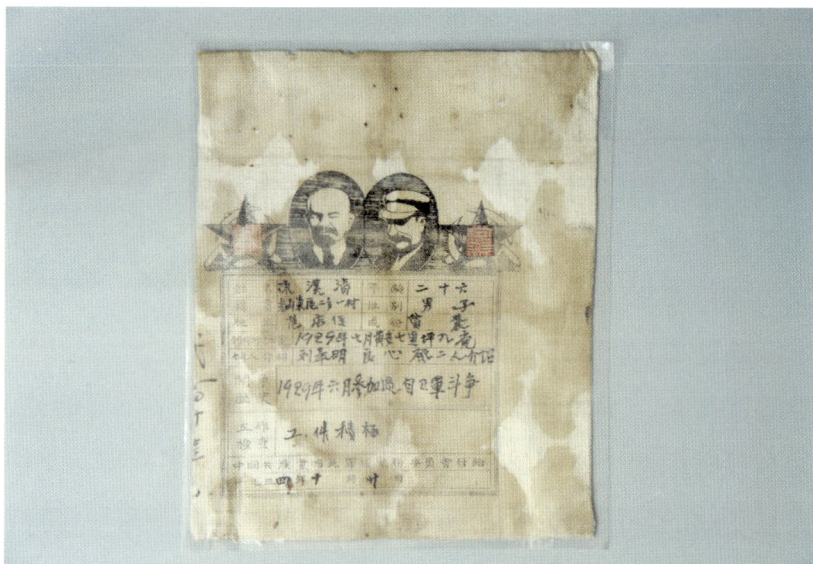

　　这是一张血染的党证, 布质, 长方形, 中上方印有两颗五角星、列宁和斯大林头像及党证字样, 下方印有长方形表

格，栏内填写有持证人的姓名、入党时间、地点、介绍人、简要革命经历、颁发原因、颁发单位及时间等。它的主人是老红军战士、独臂将军陈波。这张党证是 1934 年中国共产党西北军区党务委员会颁发给优秀共产党员的，当时共颁发了 2000 张，但截至目前在全国仅发现这一张。这张血染的党证，见证了陈波将军传奇的一生。

投身革命找到家

陈波，原名陈汉清，1908 年出生在河南光山范店（今属新县泗店乡）的一个贫苦农民家里。他有两个姐姐，母亲体弱多病，一家五口全靠父亲给地主种课田，加上农闲推手推车跑汉口养活。尽管父亲起早贪黑地劳作，但一年下来，全家人还是衣不遮体、食不果腹。

独臂将军陈波

陈波 10 岁那年，母亲被病魔夺去了生命。为给母亲治病和安葬，家里又欠了一屁股债，父亲只好把两个姐姐给了别人家做童养媳。过了两年，又把尚且年幼的陈波送去学裁缝。"徒弟徒弟，三年奴隶"，陈波干着大人的活，还要给师傅家砍柴、打猪草、带孩子，一年到头得不到一分钱，还吃不饱、穿不暖，甚至挨打受骂。一到夜晚，可怜的他就偎在破被子里想妈妈、爸爸……

　　1926 年，范店一带闹起了轰轰烈烈的农民运动，陈波看到昔日吃苦受气的农民扬眉吐气，心里感到无比兴奋。他背着师傅偷偷参加了农会，白天走家串户做衣服，夜晚跑几里山路参加农会活动。纸包不住火，师傅终于知道了，怒气冲冲地把他赶走了。

　　手艺学不成，家也回不去。怎么办？陈波找到乡苏维埃主席，要求参加革命工作。恰在这时，设在黄安七里坪的红军被服厂缺师傅，苏维埃主席考虑到陈波好歹学了两年裁缝，便介绍他去被服厂工作。他到被服厂后，所听所看的一切都是新鲜的，大家在一起工作亲如兄弟姐妹。在革命的大家庭里，陈波终于感受到了家的温暖。他踏实肯干，脑筋活络，加上有些缝纫基础，很快当上了班长。鄂豫边革命军事

被服厂使用的工具

委员会后方留守处主任吴先保，在视察被服厂工作时，发现了这个好苗子，叮嘱厂里要好好培养他。

1929年7月的一个夜晚，被服厂党支部在一棵大树下召开支部会。借助夜幕，不需点灯，也不必举手表决，只需说一声"我同意"就行了——这是中国共产党在特殊时期举行的秘密入党表决方式。在这个会上，陈波正式加入中国共产党。从此，入党誓词中的"模范带头，革命到底"八个字，成了他在漫长革命道路上的座右铭。

1934年10月，在川陕苏区反"六路围攻"胜利后，中国共产党西北军区党务委员会为激励广大党员奋勇前进，决定给优秀党员签发党证，这是党对自己儿女的一次全面审查和政治考核。每一位党员都要在支部会上报告自己的家庭出身、社会关系、个人简历、作战表现等，再经党员评议、支部委员会通过，呈报上级党组织批准，才能签发党证。

在支部评议会上，宣传委员徐向前说："我们的支部书记陈汉清同志出身贫苦，工作积极，作战勇敢，同意发给党证。"陈波领到党证后，十分珍惜，特地缝了一个小皮囊别在腰带上，专门放置党证。

一腔热血染党证

1930年上半年，鄂豫皖红军改编为中国工农红军第一军。按照中央指示，红一军第一师西出平汉线，实施外线作战。此次行动面对的是强敌，而全师只有七八百人，为壮大红军力量，地方苏维埃一面筹备后勤物资，一面猛烈扩红。陈波向被服厂递交了申请，要求加入作战部队。很快，党组织批准了他的申请。从此，他开始了戎马生涯。他好动脑筋，作战勇敢，先后担任连指导员、副营长、副团长，屡立战功，受到战士的爱戴。

1932 年他任连指导员时，兼任党支部书记。按当时规定，发展党员，支部书记必须签名。陈波没念过书，虽然脑子聪明，但代替不了识文断字。他下狠劲从签名学起。由于"汉"字的繁体字十分难写，因此，他将名字"陈汉清"改为"陈波"。

1937 年，国共实行第二次合作，红军改编为八路军和新四军。陈波任八路军前总特务团副团长，跟随八路军总部转战山西抗日前线。

1940 年春，日军华北方面军开始推行"治安强化运动"，对我晋察冀抗日根据地进行残酷的"扫荡"。根据地生活条件十分艰苦，武器弹药也得不到补充。八路军在条件极为简陋的情况下创建了黄崖洞兵工厂，条件好时可以生产一些手榴弹，差时只能勉强生产滚雷。滚雷，是一种从高处滚放的能延时爆炸的地雷。由于生产设备差、原料稀缺，根据地生产的滚雷质量并不高，若要形成战斗力，需要在试爆训练中积累经验。

1941 年 3 月的一天，八路军总部特务团战士以连为单位，执行滚雷试爆任务。在一片开阔地上，陈波向战士们介绍完滚雷的使用方法，就开始做示范。他命令大家后退 300 米，然后抱起西瓜大的滚雷向山丘走去，团长欧致富拦住他说："这是新制的，有危险，我来吧！"陈波说："你是一团之长，还是我来吧！"待大家进入安全地段后，陈波从容不迫地走上坡顶，屏住呼吸，下蹲、按雷、拉弦、擦火，"轰"的一声，不合格的滚雷突然爆炸，陈波倒在了血泊之中。

他被送往辽县（今山西左权县）羊角村八路军医院，经过奋力抢救，他奇迹般地活了下来，但仅剩一条胳臂和两条无法弯曲的残腿。醒来后，他用仅存的右手摸到裤带上，发现少了什么，便焦急地问护士："小皮囊呢？"护士不明其意，陈波解释说："火柴盒大小，裤带上的。"护士将他的血衣翻遍，终于找到了小皮囊，党证已被鲜血浸透。

致残后的陈波，虽说再也不能像从前那样冲锋陷阵，但他决心要为党做更多的工作。

抗战胜利前夕，蒋介石为抢夺抗战果实，向东北大肆增兵，我党采取针锋相对的方针，组建了"赴东北延安干部团"（简称"东干团"）紧急向东北驰援。此时，陈波向组织提出要参加"东干团"，领导似乎在故意考验他，指着一匹烈马说："上马兜一圈，不从马上摔下来，就让你去。"陈波接过缰绳，右手一按马背，稍一纵身便跃了上去，十多分钟后回到了原地。就这样，他成了"东干团"的一名成员。按照上级指示，陈波接收了投降日军的一个军用仓库，他昼夜守卫，枪不离身。当刘转连、晏福生率着赤手空拳的八路军独立第二游击支队赶到东北，正在为棉衣和枪支弹药焦急万分时，陈波挥动着独臂说："快来拿吧，这儿应有尽有！"疲惫不堪的官兵不仅得到了补给，也从这位身残志坚的老红军身上获得了莫大的精神动力。

艰苦的长征，血战甘南、宁夏、山西……离延安、战东北，多少次，行军作战，汗水把陈波的党证浸透；多少次，沿途的奇寒把党证上的汗水凝成冰凌。在穿越鬼子的封锁线时，为防备落入敌手而暴露身份，许多人都把党证销毁了，陈波却说："就凭我这一只胳膊两条残腿，不是红军就是八路，有无党证一个样，落到敌人手里都是死。"所以他一直把党证带在身边，他把党证看得比生命还宝贵。

怀揣党证守初心

新中国成立后，陈波结婚成了家，就把党证用红绸布包起来，放到箱底，隔段时间他总要拿出来看看。1965年，陈波由人民武装警察部队后勤部政委，改任中国人民解放军第二炮兵后勤部政委。

1966年秋，中国大地上刮起了浩劫风，政治口号铺天盖地，许多战功赫赫的将领靠边站。正一心致力于部队正规化、现代化建设的陈波看不下去了，他觉得这不是共产党闹革命的初衷，这样下去国家安全令人担忧。他挺身而出，说了公道话，没承想这下他可捅了马蜂窝，造反派很快给他扣上三顶帽子——"反党分子""假党员""假红军"，不容分说将他关进监狱。

陈波的夫人滕展苏，是一位从革命队伍走出来的老党员、老干部，她意识到风暴很快会袭击到自己。最当紧的事情是保护好陈波的党证，她坚信总有一天会拨乱反正，证明陈波不是"假党员"。当时老干部被打倒，抄家是必须的，那党证怎么办？陈波的经验告诉她：只要把党证放在贴身的地方就能保护下来。于是，她一针一线，把党证缝在自己的内衣上。第三天，她果然也被带走了，关进隔离室。

滕展苏被管制起来，负责关押的人却不让她吃闲饭，整天让她搬煤拉焦炭，又脏又累，衣服很快邋遢得看不出新旧，可她从不脱下来洗一洗。别人问起，她就推说没有换洗的。

直到1970年夏，全国开始注重证据，落实政策，陈波见时机成熟，才将他的党证由夫人保管一事报告组织。党组织很快派人来验看党证，陈波夫妇也随之恢复了自由。这张血染的党证，无言地证明了他们是党的忠诚战士。

陈波被"解放"的第二天，就找到二炮党组织，要求把补发的全部工资交纳党费。党组织知道他家庭困难，反复劝解，最后他还是将其大部分交纳了党费。接着，他又向组织提出退掉分配的住房的要求。他说："造反派批斗我的借口，很多是捏造和中伤，但说我脱离群众，这点是事实。二炮机关住房一直紧张，我作为后勤部政委，不仅没解决好大伙的困难，自己还住进了大房子，想起来确实有愧。"最后，他硬是搬进了普通干部宿舍。他说："我不是作秀，我觉得与群众在一起就安心。"

改革开放以后，中国经济发展日新月异，物质生活条件发生了翻天覆地的变化，陈波没有贪图享受，他考虑的是如何保持革命本色，继续艰苦奋斗。他把四个孩子叫过来，取出那份血染的党证，语重心长地说："今天，对着我的党证，立条家规：今后谁也不准利用党对我的信任去要照顾、谋私利！"孩子们个个听从他的谆谆教诲，严格要求自己，靠自己的努力奋斗创造美好的生活。

2009年12月，陈波将军永远告别了他热爱的党和人民。而那份见证了老一辈革命者赤胆忠心的血染党证，也由他的家人捐赠给家乡新县鄂豫皖苏区首府革命博物馆，供无数后来人瞻仰。

军号声声

一级文物:

程儒钿烈士参加黄麻起义时使用过的军号

这把军号，作为人民军队辉煌战史的重要见证，冷峻而深沉的古铜色光芒中，如今仍然散发着摄人心魄的力量。

军号的主人叫程儒钿，他是湖北省黄安县紫云区箭厂河（今属河南省新县）人，1912年出生于一个贫农家庭。1926年，在中国共产党领导下，箭厂河地区的革命运动蓬勃发展，年仅 14 岁的他肩扛梭镖，参加到革命队伍里，投入到轰轰烈烈的农民运动之中。1927 年春，箭厂河地区的党组织派地下交通员去武汉购买军号，由箭厂河地区农民自卫军使用。性格豪放、胆大心细、机敏过人的程儒钿，因会吹唢呐的缘故，便被农民自卫军领导人吴焕先选为司号员。

那时候，部队通信手段简单，军号是主要的联络工具。可吹军号并非想象中那样惬意轻松，练习过程是枯燥单调的。程儒钿担任司号员后，不管是白天还是夜晚，他都认真刻苦地练习，很快掌握吹号技巧，不到半年时间，他已经成长为合格的司号员。

1927 年 11 月 13 日，中共黄麻特委调集黄安农民自卫军全部、麻城自卫军一部参加黄麻起义。当日下午，黄安七里、紫云两区 2000 余自卫军和义勇队，集结在七里坪，浩浩荡荡地向南进发，直逼黄安县城。起义部队的口令为"暴动，夺取黄安城"，参加起义的农军一律在左衣袖上缠白布带作为标记。程儒钿作为司号员，与箭厂河三堂革命红学学员一起，雄赳赳气昂昂走在队伍的最前面。

黄安县城城墙高两丈，四门紧闭，在夜幕下显得格外寂静。3 万农军和群众悄悄包围县城，等候攻城信号。14 日凌晨 4 时，几声清脆的枪声打破冬夜的寂静，总指挥潘忠汝站起身来，大声喊道："同志们，攻城开始了！冲啊！"与此同时，程儒钿吹响了军号，"嘀嘀嗒嘀嘀嗒"的号声划破夜空。刹那间，城外喊声枪声一片，城郊同时点起数十堆火，熊熊火光照亮夜空。农军沸腾了，从野外高地涌到城边，有的架设云梯，有的抬着圆木撞击城门，有的堆放稻草、点火烧城……

号声一落，登城战斗开始，城北是主攻方向。因城墙很高，搭上一架木梯还差一截。箭厂河农民自卫队员、共产党员吴立行奋不顾身，率先登上城墙，举刀向敌人砍去。突然，守城敌军一枪打来，他被击中胸部，一个倒栽葱，从半空中摔了下来。

这一切，年仅 15 岁的程儒钿看得真真切切，牙关咬得一阵紧似一阵……

最终，起义军在城内群众的配合下内外夹击，经过激烈战斗，攻破了北门，活捉了国民党县长贺守忠，革命的红旗第一次在黄安城头高高飘扬。之后，大别山第一个红色政权——黄安县农民政府宣告成立，农民自卫军随即改编为中国工农革命军鄂东军。

黄安县农民政府和中国工农革命军鄂东军诞生的喜讯，像春风吹遍了黄麻地区的山山岭岭，温暖着百万农友的心。革命群众情绪高涨，到处是一派欢欣鼓舞的景象。

敌人并没有善罢甘休。12 月 5 日夜，国民党任应岐第十二军教导师闻清霖部倾巢出动，在夜幕掩护下奔袭黄安县城。我军与敌人激战 4 个多小时，终因寡不敌众，城门被攻破，解放 21 天的黄安县城再落敌手。潘忠汝掩护战友六进六出，救出大批战士，血染黄安县城。程儒钿与战友们且战且退，辗转撤离。

撤退途中，又与敌人遭遇，机智的程儒钿迅速躲在一块大岩石旁边的草丛中，逃过了敌人的追杀。枪声时紧时松，程儒钿一心想赶上队伍，于是又不顾一切地从草丛中爬出，沿着山间小道朝着部队撤离的方向跑去。可是部队已经被打散，根本找不到，环望四顾，不知战友们身在何处。程儒钿一时心急，越急心越慌，便在山里乱转。黑暗中，他在山里摸索前行，一会儿听到敌人的吆喝声，一会儿又看见搜山的火把，仿佛四面八方都被敌军占领了。敌人虚张声势地乱放枪，并且大呼："快出来吧，我们看见你们了！"程儒钿只得朝着箭厂河方向拼命地跑，他知道离开火把越远越好。就这样，他在深山里钻来钻去，转了一夜。第二天，天蒙蒙亮，他已经钻进了天台山深处。这里山高林密，是个野兽出没、人迹罕至的地方。他站在一个山坡上，向远处望去，群山连绵不断，望不到头，山风刮出凄厉的声音，像有无数豺狼在嚎叫。他在心里默默地喊着吴焕先和战友的名字。被荆棘挂破的单衣裹不住他冻得瑟瑟发抖的身躯，他缩着身子蹲在地上"呜呜"地哭了起来，释放着一夜奔波的劳累、紧张和恐惧，还有对战友的思念。

突然，他听到一阵响声。"不好，有敌人！"程儒钿警觉地立即将身子往草丛中闪去。透过稀疏的树叶，他仔细寻找着刚才发出响声的地方。只见那里逐渐露出一个人的背影，脸部也逐渐清晰。"啊，是儒香哥啊！"才离开一天的程儒钿，拨开荆棘杂木，流着泪一下子扑向同村兄长——黄麻起义敢死队队长、箭厂河农民自卫队大队长程儒香，兄弟俩紧紧相拥。这段时间，有多少战友牺牲了，又有多少同志落入敌人的魔爪，可他们兄弟二人却在这荒无人烟的深山密林中相逢巧遇，真是悲喜交加。

两人刚要诉说各自的遭遇，忽然一阵急促的枪声传来。

"有情况！"程儒香立即把枪拿在手里。

"我爬树上去看看再说。"程儒钿"噌噌"几下爬上一棵大树，"是敌人在追我们的人呢！"

"我们几个人？"

"我方有三个！"

"敌人呢？"

"一小群，估计有七八个。"说罢，他像猴子似的从树上溜了下来。

"怎么办？"

"有办法了，用这个！"程儒钿右手一扬黄澄澄亮闪闪的军号说，"我吹冲锋号，你开枪，吓死他们！"只见他再次迅速爬上树杈，"嘀嘀嗒……嘀嘀嗒……"嘹亮的军号即刻在幽深的山谷中响了起来，声音传得很远很远。群山环绕，松涛阵阵，号声回响，像千军万马在冲锋陷阵，程儒香也同时放起枪来。那三名被敌追赶的战士听到熟悉的军号声，勇气倍增，回转身向敌人开火，枪声、号声响成一片。敌人听到这突如其来的号声吓得魂飞魄散，以为遇到了伏击，顿时阵脚大乱，晕头转向，急忙转身逃跑。敌人撤退了，程儒钿同程儒香及遇到的三名战士匆匆向紫云北乡方向撤离，回到了家乡箭厂河程湾东边的太平寨及羚羊山一带，与敌人周旋，坚持斗争。

此后不久，中共黄麻特委及鄂东军领导人在鄂豫交界的木城寨召开会议，决定鄂东军主力跳出中心区，转移到黄陂木兰

山一带打游击，伺机再打回黄麻老区。同时指派吴焕先、吴先筹率领石生财、程儒香、程儒钿等少部分人坚持当地斗争。会后，鄂东军在箭厂河闵氏祠集合了 72 人，携带 42 支长枪、11支短枪，连夜向南出发。这 72 人后来成为红四方面军的骨干。

黄安失守后，敌人兽性大发，疯狂血洗箭厂河地区。豪绅地主乘势勾结国民党军队疯狂报复，反攻倒算。许多村庄被焚掠一空，大批革命志士和人民群众惨遭杀害。仅程儒钿所在的程湾村，一个早上就被敌人杀害了 19 人。程儒香被捕，敌人先后将他钉在箭厂河吴氏祠堂的墙上和一棵乌桕树上，挖掉了他的双眼，割掉了他的舌头，他英勇不屈，于 1928 年农历正月初一壮烈牺牲。

革命战士没有被白色恐怖所吓倒。一天夜晚，程儒钿由太平寨偷偷潜回家中，把军号交给了哥哥程儒海。程儒海先把军号藏在古墓洞中，过了几天，他觉得不安全，又把它塞进一个破砖窑缝中。之后几天，他左思右想，心里还是不踏实，于是趁着夜深人静，在自家菜地挖了一个坑，用石头砌好，中间放一块石板，把军号放在上面，然后盖好、填土，就这样把军号藏起来了。

红四方面军撤离鄂豫皖革命根据地之后，1932 年 11 月30 日，中共鄂豫皖省委在檀树岗重建红二十五军，吴焕先任军长，王平章任政委。程儒钿此时是红二十五军的一名排长，1933 年 3 月，他随部队转战到麻城杨泗寨地区（今属河南新县泗店乡）。4 月 18 日，红二十五军与国民党第三十一师 4 个团在杨泗寨附近遭遇。20 日，敌第三十师、三十一师向杨泗寨发起进攻。红二十五军坚守阵地一日，予敌以沉重打击。程儒钿率领全排战士顽强战斗，英勇杀敌，在一次战斗中，不幸中弹牺牲。

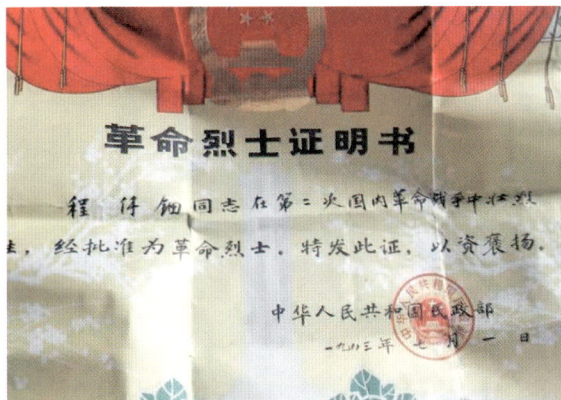

程儒钿革命烈士证明书

日月如梭，时光荏苒。20 世纪 70 年代中期，新县县委、县政府面向全社会征集革命文物，此军号由程儒钿侄子程宗宋从菜地里挖出来，捐赠给人民政府。

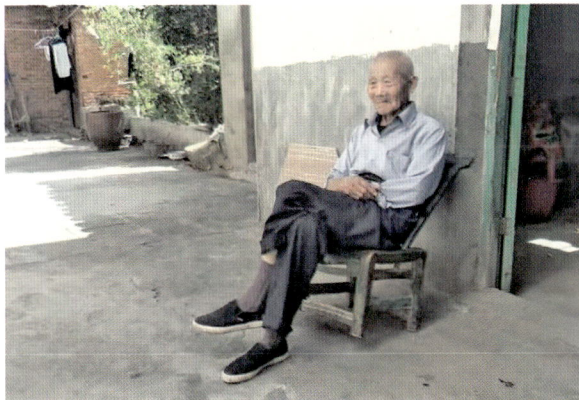

捐赠人程宗宋老人

军号声声，唤起多少英雄将士；闻令杀敌，演绎多少浴血荣光。今天，当我们再次重温那段峥嵘的岁月，仿佛仍能听到嘹亮的号声，仍能感到血脉偾张——那是信念的战歌，那是不屈的军魂，那是凝聚同心共筑中国梦的磅礴力量。

一套珍贵的账册

一级文物：

柴山保云山村苏维埃参加和支援红军的记账册

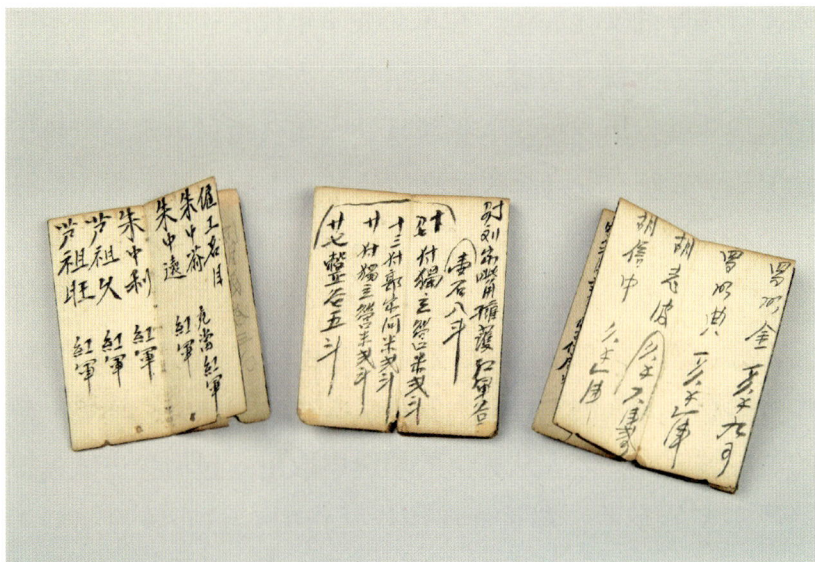

这是一套当年河南光山县柴山保云山村（今新县陈店乡云山村）苏维埃支前账册，它记载的是 1929 年至 1932 年云

山村参加红军的人员名单，以及为苏维埃政府义务交军粮、送粮、担盐等事项百余件，涉及人员百余名。该账册共计三册，每册长 11 厘米、宽 4.5 厘米，为折叠式账册，第一、第二册各有 40 页，第三册有 18 页，笔迹多为毛笔字，少量为铅笔字。尽管纸页泛黄、折痕叠叠，但它却具有极高的史料价值，是根据地军民鱼水情深的有力见证。

征集文物　破墙献宝

1978 年的一天，新县陈店公社负责文物普查的副主任扶廷作来到了摩云山脚下的云山村征集革命文物。云山村历来富有深厚的文化底蕴。在革命战争年代，这里的父老乡亲手持刀矛、土铳和梭镖，奋起抗争。当地群众记忆犹新的东门岗战斗就发生在这里。据统计，当年云山村为革命牺牲了 100 多位英烈，所以散落在当地的革命文物十分丰富。扶廷作一行来到该村刘家咀刘明学家，说罢来意，刘明学 70 多岁的老母亲慢慢地站起来，从门外拿起一把小锄头，走进卧室，朝前檐的墙面，一声不吭地刨挖起来，一时间泥土飞溅，浮尘腾起。老人的举动让大家一头雾水。很快，土坯墙上敷的泥层被刨掉，老人从露出的墙缝中取出一包用牛皮纸裹得严严实实的东西，郑重地递给扶廷作说："这是我兄弟刘学强当年在村苏维埃当秘书时记的一些东西。他参加红军临走前，把这几样东西交给我与孩子他爹，反复叮嘱：'这东西很重要，牵涉很多人的身家性命，千万千万要保管好。等革命胜利了，再交给政府。这是个凭证，也算是对大家的交代。'他民国21年（1932年）一走，就再也没有回来。"说罢，老人双手交替抹起了眼泪。

望着时隔近50年的旧物，在场的人都沉默了。扶廷作他们清楚地知道，在当时的白色恐怖下，敌人借"清共"之名，使用异常残酷血腥的手段对待红军和苏区的进步群众，地主豪绅可以随意指认所谓的"共匪"，并且不用审讯，不需要口供，在没有任何证据的情况下，仅凭"看你的样子像共产党"这样的臆断就可滥杀无辜。可想而知，保存这样一件东西，这一家人要担多大的风险！

投身革命　锋芒初露

1928年，吴光浩、戴克敏领导的工农革命军第七军由黄陂木兰山打回柴山保，也就是今天的陈店乡。17岁的刘学强受党的影响，参加了革命，不久便加入了中国共产党。他上过几年私塾，算得上文化人，能说会写，经常深入田间地头宣传革命道理，发动群众。当时，柴山保地区枪会林立，工农革命军第七军派杨万甲、刘学强深入王岗枪会做争取工作。王岗枪会的堂主是个中农，是柴山保唯一一个不是豪绅地主做会董的枪会。于是，他们对此枪会采取了争取上层人物、团结教育下层会员的办法，最终争取和改造了王岗枪会，使其成为柴山保革命武装的一部分。

柴山保另外一个枪会，顽固不化，勾结外部枪会袭击工农革命军。工农革命军决定派一个班及转化过来的王岗枪会应战，刚刚完成红枪会转化工作的刘学强也一同参战。

那些自称刀枪不入的会众，战前吃朱砂、吞纸符、念咒语，此时人手一杆红缨枪，头戴红包头，内穿红肚兜，腰里别把攮子（匕首），一边走一边叫：

> 金刚体，肚练气，
> 能挡刀枪能防戟，
> 枪炮子弹不入体……

气势汹汹地向革命军阵地扑来。革命军战士瞄准冲在最前面的会首，一枪将其撂倒，接着又连毙三名会众，反动枪会顿时阵脚大乱。刘学强虽生平第一次真刀真枪参加打仗，但他毫不畏惧，枪声一落，就手执鱼叉冲了上去，刺倒了一个红枪会匪徒。其余匪徒见此阵势，狼狈逃窜。经此打击，该枪会一蹶不振。后来，经过杨万甲、刘学强细致的工作，这堂枪会的成员也很快反正，为革命队伍所用。

随着革命形势的发展，柴山保地区纷纷成立苏维埃政府，经群众选举，刘学强当选为村里的秘书。此后，云山村的山山岭岭都有他和同志们忙碌的身影。他们深入群众，宣传发动组织群众，省吃俭用，节衣缩食，拥军支前。农忙时节，他们还组织代耕队帮助红军家属进行生产，解决前方将士的后顾之忧。除此之外，他们还发展了赤卫队和少先队。赤卫队员和少先队员平时负责站岗放哨，维护苏区秩序，战时充当运粮队、担架队、洗衣队，为红军运送物资，照看伤病员。
从这几本账册上看，仅1930年春至1932年间，云山村就捐
军粮达800多石，鞋袜4300多双，100多位青壮年参加了
红军及革命工作。一时间，摩云山下红旗招展，锣鼓喧天，
群情振奋，革命激情直冲云霄。这套珍贵的账册，就是刘学
强对云山村革命群众支援红军的真实记录。

参加红军　智勇双全

1932年1月，刘学强领着刘家咀十多个小伙子，拿着
苏维埃政府的介绍信，在乡亲们的欢送下，来到新集红军招
募处报名参军。当天，他们就如愿以偿，穿上了灰布军装，

戴上了八角帽。自此，他们成为真正的红军战士。到部队后，他们先接受一段时间的政治教育和队列训练，很快学会了射击、投弹、刺杀等军事技术，适应了部队生活。

参军不久，刘学强就随部队一起，参加突袭潢川北亚港敌军的战斗。一天晚上，天下着大雪，刘学强所在的红十师趁敌不备，向驻守敌军突然发起进攻。正准备出击时，刘学强突然发现一个敌兵高喊着"红军来了，红军来了！"向内院跑去，他一个箭步追上去，大喊一声"老子让你跑"，手起刀落送敌兵见了阎王。随即他冲进屋子，只见几名敌兵正从床上爬起来慌忙取枪，他大声呵斥："你们被包围了，赶快投降！"敌人早已吓破了胆，跪在地上大喊"饶命"，刘学强随即命令两个俘虏背着两箱子弹，自己背着三支枪，押着他们走出了屋子。这场战斗，敌军一个团除少数人被击毙外，其余大都做了俘虏。战后总结会上，由于刘学强表现突出，部队给他记功一次，并提拔他当了班长。

同年3月，刘学强随部队参加了皖西苏家埠48天的围点打援。一天，他和战友们蹲在山头上的壕沟里观察敌情，看到敌援军炮兵刚刚远道而来，正准备在外围一块平地上构筑阵地，一时还没有警戒部队。刘学强灵机一动，对排长说："我带领全班人从山后绕过去，把敌人的炮兵干掉。"排长想了想说："好主意，多带些手榴弹。"刘学强带领全班战士，迅速向敌人悄然靠近，离敌人20多米远时，他猛地站起身来，扔出了两颗手榴弹，高声喊道："同志们，狠狠打！"一时间，爆炸声四起，敌人到处乱窜。刘学强没想到敌人如此不经打，仔细一看，原来是手榴弹引爆了敌军的炮弹。敌军炮兵阵地上发出了震耳欲聋的爆炸声。爆炸声惊动了总指挥徐向前，他命令参谋迅速了解情况，得知刘学强主动出击，把敌人炮兵阵地连人带炮全炸毁后，说道："这个班长不简单！"他对参谋说："告诉王宏坤，刘学强可以当排长！"

英雄罹难　浩气永存

　　那段历史，不仅带着苦涩的泪水，也染着斑斑血痕。苏家埠战役的一天下午，值班员突然吹响了集合哨。刘学强发现一些战友神色紧张，凑在一起小声地议论着。此时，一位同乡战友悄悄地对着他的耳朵说："出大事了，红军内部还有'AB团''改组派'，他们要投敌叛变。"不久，担任红十师师长不到一个月的陈奇被张国焘秘密逮捕处决，罪名是"改组派"。随后，红十师大量的基层干部受到牵连，不断有连长、排长失踪。

　　这年夏天，部队到光山一带作战。一天，红十师在徐畈宿营，政治保卫局人员突然将刘学强绑走，说他是"现行反革命"。原来，国民党的部队曾在此地用石灰写了许多反动标语，刘学强用红纸书写的新标语覆盖在旧标语上面，后来接连下了几场大雨，雨水把上面的新标语冲洗掉了，露出了原来的反动标语，随即有人举报刘学强搞反动宣传。刘学强被隔离审查，审讯人员冷冷地问了他姓名、籍贯之后，突然猛地把桌子一拍，大声吼道："你必须老实交代，什么时候

加入的第三党、改组派？"刘学强说："我自 1928 年参加
革命，只知道有共产党和国民党，从来没有听说过什么时
候还有一个第三党、改组派！"他们说刘学强不老实，故意
狡辩、装糊涂。当天夜晚，月黑风高，雨水如注，刘学强被
杀害于光山徐畈的荒郊外。大雨滂沱，仿佛是苍天为他鸣不
平的泪水，一任地流着……一个机智勇敢、敢打善拼的红军
指挥员就此永远消失了。直到新中国成立后，刘学强的哥嫂
才从与他一起参加红军后流散回乡的村邻口中得知这一切。

今日刘家咀

时过境迁，物是人非。这套由刘学强亲笔书写的珍贵账
册，文字虽然不多，内容所叙也朴实平淡，但至今我们仍可
从中感受到苏区群众一切为了前线、踊跃参加红军、誓死保
卫苏维埃的赤子之心。这一行行的字迹，已将老区群众的坚
守理想、忠诚于党、矢志革命的伟大精神化作忠魂和基因，
流淌在老区一代又一代人的血脉中。

罗盘的故事

一级文物：

吴焕先烈士用过的罗盘

扫码观看视频

　　这是一件风水先生常使用的工具——罗盘，它直径9厘米，厚1.7厘米，天池直径2厘米。池内海底线完好，磁针

早已生锈失灵，盘面上的橙色油漆已经龟裂，字迹模糊不清。1974 年，新县县委宣传部的同志在吴焕先烈士家乡——箭厂河乡竹林村四角曹门搜集革命史料、征集革命文物时发现了这个罗盘。当年，在革命处于低潮的时候，吴焕先曾装扮成风水先生，身背这个罗盘，走村串户，四处奔走，筹措革命活动经费，发动群众坚持斗争。

吴焕先，河南省新县箭厂河人。1925 年加入中国共产党，是黄麻起义主要领导人之一。曾任中国工农红军第四方面军政治部主任，红二十五军军长、政委。1935 年 8 月，在甘肃泾川四坡村战斗中壮烈牺牲，时年 28 岁。他是无产阶级革命家、政治家和军事家，是我党我军的卓越领导人之一。

吴焕先

1927 年 11 月 13 日，中共黄麻特委根据"八七会议"精神，领导黄安、麻城地区农民举行秋收起义，攻克黄安县县城，成立黄安县农民政府和工农革命军鄂东军。吴焕先率领箭厂河三堂革命红学和农民自卫队，作为黄麻起义主力，担任攻打北门的任务，直捣县衙，生擒国民党县长贺守忠。21天之后，刚刚获得新生的黄安县城，又陷入敌手。12月5日，鄂东军与国民党第十二军一个师浴血奋战，终因寡不敌众，伤亡惨重，不得不退出县城。起义总指挥潘忠汝、中共黄安县委书记王志仁壮烈牺牲。吴焕先率领的起义军从北门经古峰岭撤到了七里坪。这支队伍有十多位伤员，队员吴先恩（新中国成立后曾任北京军区副司令员、开国中将）左手臂负了重伤，血流不止。吴焕先十分焦急，急忙跑到郑位三的父亲郑维翰在街中心开设的中药铺，抓了几包刀创药，给他敷上。随后他决定把吴先恩和其他几名重伤员护送到天台山一带隐蔽养伤。临别时，吴焕先握紧拳头，对吴先恩等伤员讲道："只要死不了，就要干革命。总有一天，我们还会打回来！"

箭厂河木城寨会议之后，黄麻起义副总指挥吴光浩率领鄂东军转战黄陂木兰山，吴焕先等留在箭厂河地区，就地坚持革命斗争。吴焕先带领队员，潜入到北面的大山里，与敌周旋。敌人经常进山"搜剿"，派兵封锁了山口要道，企图把他们困死在大山里。吴焕先与同志们一直坚持着。他们住山洞、睡石板、吃野果、饮山泉，病了熬草药喝，伤了敷瓜瓢，同敌人进行了艰苦卓绝的斗争。他在箭厂河北面大山死人沟的山洞里，用粉石在石壁上写下了一首诗，表达了革命必胜信念和坚决与敌斗争到底的坚强决心：

深山密林是我房，

沙滩石板是我床。
不管敌人多凶残，
坚决斗争不投降。
赤胆忠心为工农，
气壮山河志不移。
何惧今日艰难苦，
坚持革命定胜利！

木城寨

　　形势日趋严峻。隐蔽在天台山上的伤员，无钱买药、无粮可食、无衣可穿。吴焕先心急如焚，可是他和同志们也身无分文。焦急之余，一个念头在他心中一亮：扮成风水先生，为革命筹款。于是，他戴着一顶瓜皮帽，穿着一件棉长袍，有模有样地背着罗盘，摇着串铃，奔走四乡。

红军洞

一天，他来到罗山叶家湾附近的一座山上，发现山下的一个村子里，矗立着一座样式壮观的新瓦房，他便向几个在附近玩耍的衣衫褴褛的娃娃问道："那家新盖的房子，阔气得很啊，主人是个大财主吧？"

"财主是财主，就是今年不发财。"孩子们带着嘲笑的口气，七嘴八舌地告诉他。

原来，这财主家盖起新房之后，接连碰到闹心事：儿媳死在月子里；一头耕牛无缘无故地死了；看家黄狗的头也被人砸了个大包。当地人说这是盖房时动了太岁，要遭殃。

孩子们围着他，纷纷说这家财主多么阔，心多么黑，盖了新房，连一块锅巴也不肯给讨饭的人。吴焕先听罢，灵机一动，计上心来，便走下山去，大模大样地来到财主新房门口，拿出罗盘，东瞧瞧、西望望，不时摇着串铃，等到一个家人出来，他念念有词：

新盖的门楼逆水流，栽秧季节死耕牛。

可怜的儿媳遭灾难，看家黄狗肿了头。

财主家丁听他说得句句是真，便与他聊了起来："请问先生，你从哪里来的，怎么晓得这些事？"吴焕先冷冷一笑，慢慢打开罗盘，指了指新盖的门楼说：

"太岁当头坐，可敬不可破。府上犯了忌，无福必有祸。我乃张天师道下门生，这样的灾祸，怎能瞒过我的眼睛？"

"你说的都是千真万确的事。"家丁急忙应道，并赶紧回屋里禀告。财主听说门外来了个"高人"，赶紧跑出来，将吴焕先请到客厅里，摆上酒席，殷勤相待，再三要求为他家

里消灾保平安。吴焕先便故作神秘地摆出张天师道下门生的气派，又拿出罗盘，左量量、右测测，编造了一些神乎其神的话，说道："为世之道，固有无利不起者，然亦有道义存焉。当今世道艰难，穷苦之人不绝于道，应体恤民众，以积厚德。道义不存而富，是为富不仁也。"说得财主云里雾里、一愣一愣的。看着财主，吴焕先的脸色由微笑到严肃，由震惊转为叹息，最后是一脸的愁容。快速的变脸立马将财主的心提了上来："先生，难道还有什么不好的事吗？"吴焕先叹了一口气，道："看世间亿万载，断因原之使然。府上多灾多难，我一时难拿主张。此劫数非天定，是会有转机的。我将回去禀告张天师，改日一同前来，帮你消除灾祸，保佑你平安发财，再走红运。"

财主一心想破灾发财，临别时拿出 50 块银元作为定礼，再三请求他尽快请张天师来……

得到这笔钱款，吴焕先马上交给党组织，党组织迅速派出两名地下交通员送到天台山。自此，吴焕先扮"风水先生"的故事在鄂豫边广为流传，他使用的这个罗盘也被赋予了革命色彩。

黎明前的坚持

扫码观看视频

　　这是一把 20 世纪在大别山随处可见的、用于烧水的铜壶，但它的背后有着不寻常的故事。1976 年，有关人员在回乡探亲的老红军，时任中共河南省委常委、监委书记的刘名榜指导下，深入郭家河湾店一处红军洞中挖出这把铜壶。壶体已锈迹斑斑，口沿些许缺损，壶柄已断裂。刘名榜端详着这把铜壶，百感交集，动情地说："它陪伴了我们度过大别山斗争最艰苦的岁月啊！"

临危受命

1946年6月初，国民党反动派调集重兵围攻我中原解放区，把我中原部队挤压在以宣化店为中心的狭长地带，并扬言要在48小时内一举包围歼灭之，实现所谓"惊人的胜利和奇迹"。

中共中央在此紧急关头，决定我中原部队主力实施战略突围。中原局、中原军区于6月20日在宣化店召开有地方党、政、军机关负责人参加的联席会议，传达了中共中央关于突围的命令，部署了突围行动以及留守人员的任务。刘名榜参加了这次会议。

会后，中原军区司令员李先念单独找刘名榜谈话："名榜同志是坚持大别山斗争的老同志，你有长期的斗争经验和体会，深知大别山革命根据地来得多么不容易！如果我们轻易放弃它，就对不起为创建根据地而光荣牺牲的先烈！中原局党委决定将你留下来，重建罗（山）礼（山）经（扶）光（山）中心县委，坚持地方游击战争。相信你一定能够挑起这个重担。"

刘名榜临危受命，非常清楚这个任务的分量。他面对李先念司令员坚毅而信任的目光，坚定地说："请司令员放心，我就是'革命到底了'也要完成任务！"

李先念亲切地握住刘名榜的手，风趣地说："我相信你一定能坚持到根据地斗争的胜利，到时候为你请功。你要是'革命到底了'，我回来后给你竖立一块高大的纪念碑！"

6月底，刘名榜召集肖先发、徐锡煌、邱进敏等同志，在卡房的回龙桥村召开了紧急会议，宣布建立罗礼经光中心县委，刘名榜任书记，中心县委下辖经光、罗礼、红安三个县委（后建立麻城县委）和一支70多人的游击队。会上，刘名榜坚定地表示："同志们，主力部队突围后，斗争将会异常复杂和艰苦。无论怎么样，我们都要忠于革命、忠于党，坚持斗争，决不能让大别山革命斗争红旗在我们手中倒掉！"同志们坚定地举起紧握拳头的右手。

鱼水情深

中原军区主力部队突围后，国民党军和地方反动武装对大别山根据地发动了猖狂进攻。仅在经扶县（今新县）境内，国民党就驻扎有一个新编正规旅，加上还乡团、保安团共有数万人。敌人四处烧杀抢掠，疯狂反攻倒算，对游击队采取封锁、搜山等办法。白天，敌人在进出山的路口，派兵设卡，一群群的敌人像恶狼似的进山搜捕，见人就打，烧杀抢夺，无恶不作；到了夜晚，敌人化装成我游击队员，诈骗群众，破坏游击队与人民群众的鱼水关系，企图扑灭革命火种。

刘名榜面对敌人的疯狂"围剿"，沉着镇定，他说："敌人进山，我们出山；敌人出山，我们进山，藏身于群众，一定要在敌人缝隙中求生存、求发展，要保存大别山的革命火种。"大家在他的领导下，坚持战斗在大别山上。

有一次，他带领部分游击队员，转移到连康山开展工作。这里被敌人多次"清剿"，弹痕累累，满目疮痍，到处关门闭户。他们一连几天没有吃上一顿饭，饿得头晕眼花，两腿发软。刘名榜和队员黄本兴顺着一块石壁慢慢滑到一棵松树上，骑在树杈上向村里眺望，看能否同村里群众取得联系，搞一顿饭吃。这正好被村里一位好心的群众发现了。敌人住在村里，大人出村不方便，他就叫一个小女孩溜到村外给老刘报信，告诉他们村里埋伏有敌人，让他们迅速转移。直到半夜时分，刘名榜他们才摸到黄家洼，悄声喊开了一家群众的门。那群众见是老刘，含着热泪，感慨地说："难啊，老刘！"

刘名榜感激地安慰他说："眼前是困难，但只要坚持下来就能胜利！"为了安全，群众将老刘和游击队员安排到村外树林中的小庙里隐蔽起来，然后做了糙米饭，熬了菜汤，让游击队员们饱餐一顿。

1947年冬的一天，刘名榜单枪匹马到郭家河一带检查工作。由于这里驻有敌人重兵，他几天都没敢进村，粒米未进，躲在湾店村河岸上的稻草垛里。天黑时，村里群众阮老二去背草喂牛，发现了他。刘名榜说："我几天没吃饭了。"

阮老二先是一惊，心想，国民党军队在草垛旁来来往往，湾里还安有暗探，万一暴露，刘名榜和他全家的性命难保。他警惕地扫了四周一眼，没有发现可疑现象，很快镇定下来，轻声而坚定地说："刘书记，莫着急，我来想办法。"夜里，他让刘名榜饱餐了一顿，并将其安全送到村外。

次日，刘名榜蹲到杨家洼后山上的狐狸洞里。当夜，村里的群众杨先文又冒着生命危险，偷偷给他送去了饭和水。

刘名榜关切地责备他说："老杨啊！我给你说过了，这样很危险！不叫你来，怎么又来了呢？"

杨先文说："老刘呀，你一天不吃不喝，怎么能行？我过意不去哇！"

刘名榜接着说："同志啊，革命不能感情用事！"

"好，刘书记，我记住了。"

冬天，漫山遍野下起了鹅毛大雪。刘名榜带领叶成珠等游击队员在天台山里，又是几天没有吃饭。一天夜里，他们摸到卡房徐家冲村里，打算找点东西吃，被共产党员芦子清看见了。村里驻有国民党军队，离他们一百米远处就有岗哨，非常危险！于是，芦子清急中生智，决定给刘名榜发送信号：发出"狐狸唤鸡"的怪叫声，且叫得很急切，示意刘名榜等同志千万要小心。

刘名榜等听到"警报"，立即闪身藏到一棵大树后面察看，发现了敌哨兵，也看见了芦子清的身影，随即迅速转移，脱离了危险。

这样艰苦、这样危险的情况，遇上这样热心的老百姓的事例，在刘名榜偎山洞的岁月里，举不胜举。

寒夜苦斗

刘名榜和县委一班人及游击队员们，面对敌人新的攻势，采取化整为零的灵活斗争策略。他们分散在天台山、连康山、白云山、黄毛尖、凌云寺、老君山、鸡笼山一带，白天偎山洞、钻树林，夜间暗访可靠群众，了解敌情。

国民党经扶县县长李健刚和县民团团总黄古儒带领一群爪牙，疯狂叫嚷："车干养鱼的水，网尽水里的虾。"妄图将共产党和游击队一网打尽。但是，他们一再扑空，于是便想出一条毒计：逼迫刘名榜的母亲到山上喊话，企图引诱游击队进入他们的圈套。

敌人押着刘名榜的母亲，到游击队经常出没的乱石窝搜索。伪县团总黄古儒掏出手枪，恶狠狠地对她说："快叫刘名榜下山投降，否则，别怪我黄某人不客气！"老人瞥了黄古儒一眼，转过头去，对着群山高声喊道："名榜儿，你是共产党人，就应该和共产党一条心。绝不能因为我，做出对不起共产党、对不起老百姓的事！"

黄古儒气得吹胡子瞪眼，推搡着老人家离去……

那天，刘名榜带领游击队员正好隐蔽在附近山上。他们透过树林，把山下的情况看得一清二楚。两名警卫员欲冲下山去，同敌人拼个鱼死网破！刘名榜立即劝阻说："这是敌人惯用的花招，我们要是冲下去同敌人拼命，正中了敌人的诡计，千万不能冲动，否则会坏了大事。"

　　县委和游击队的处境一天比一天艰苦，缺吃、缺穿、缺医药。在这种恶劣的处境中，大家紧紧抱成一团，拧成一股绳，穿插在敌人缝隙中，在敌人眼皮下溜过，毅然战斗在大山里。他们练就了一套过硬本领：走路听不到脚步声，进村时连狗也发觉不了；雪地里倒穿草鞋行走，留下反向足迹。他们以野菜、山果甚至虫子充饥，什么也吃不着的时候，只好用仅有的一把铜水壶烧点开水填饱肚子。穿的是破麻布片，住的是破庙、山洞，睡的是草窝，过着野人般的生活。有时他们离开山洞前留块银元以试探敌人是否来过，回来后如果发现银元不在了，就马上转移。1947年冬天，年逾半百的肖先发在饥饿中，趁着月色，准备下山到稻场捡些稻谷回来给同志们充饥，不幸从悬崖摔了下去，壮烈牺牲。

郭家河湾店乱石窝附近有十几个天然岩洞，奇妙地隐蔽在悬崖峭壁之间，洞内有用松树枝丫铺设的床，有石灶、石桌之类的设施以及吊罐、铜壶等生活用具，这些山洞就是中共罗礼经光中心县委机关所在地，刘名榜率领县委和游击队曾长期驻守在此，一直到刘邓大军挺进大别山。

中共罗礼经光中心县委机关驻地乱石窝

迎接光明

为了扑灭敌人的凶焰，中心县委决定处决一些罪大恶极的反动保长。其中有个名叫杜定廉的坏家伙，群众称呼他"杜五疯子"。他是国民党经扶县党部常务委员、县政府的参议员，柴山保杜湾村人。他横行乡里，欺压群众，残害我革命干部和革命群众，民愤极大。

1947年初，黄安县游击队的侦察员报告，西杨家一大户准备唱戏三天，大摆酒席，宴请宾客，杜定廉正是排在第一位的贵宾。刘名榜意识到这是除掉杜定廉的大好机会。

当天晚上，刘名榜带领游击队到西杨家附近山上，他负责接应，由邱进敏和小队长徐成春带十多名队员，乔装打扮混进了戏场，此时有人在看戏，有人在赌博，杜定廉正在赌桌上赌得兴起。邱进敏见杜定廉身后站着两名保镖，不好下手，于是就暗示几名游击队员以赌博为名，搞乱赌场，好趁机动手。游击队员叶志安和徐成春在争输赢中，假装打骂起来。顿时赌场混乱了，此时邱进敏掏出手枪，对天放了两枪，并喊道："不好，共产党来了，快跑！"在一片混乱中，杜定廉狡猾地吹灭了灯，推翻了桌子，妄图逃跑，哪知我游击队员叶志安一枪击中了他的脑袋，杜定廉立时毙命。镇压杜定廉给国民党以极大震慑，国民党电台、报纸惊呼："大别山共军势力不可低估！"

1947年5月，中共中央派郑位三的弟弟郑植惠到大别山寻找党组织和游击队。辗转见到刘名榜后，郑植惠说道："你们干得不错嘛！打死杜定廉的消息，我们在延安就知道了。毛主席听了电台广播后，还高兴地说：'好，好！大别山根据地还有刘名榜等同志在坚持！'并让我转告你，大别山根据地一定要坚持！我们少则三个月，多则半年，就要挥师南下了。"

8月，刘邓大军12万人马浩浩荡荡挺进大别山，刘邓首长立即派民运部部长穰明德寻找刘名榜。由于不了解情况，这段时间，刘名榜率中心县委和游击队一直隐蔽在乱石窝一带，观察情况，等候消息。不久，黄安县游击队来人报告说，刘邓大军的先头部队已经到达黄安县的火莲畈。刘名榜立即带领游击队赶去会合，见到了六纵十七旅旅长李德生。

很快，刘名榜也见到了穰明德。穰明德告诉他，刘邓首长要亲自接见他。刘名榜马不停蹄地赶到了刘邓大军司令部所在地——光山南向店。刘伯承司令员仔细询问他坚持大别山斗争的情况，对他在艰苦环境中坚持斗争，使大别山红旗不倒、火种不灭的精神给予很高评价，要求他发扬这种精神，为建立大别山根据地做出新贡献。

邓小平政委也关心地问刘名榜："你们是怎么活下来的？"刘名榜说："我们一靠党的领导，二靠人民群众，三靠枪杆子，四靠这大别山呀！"①

邓政委高兴而严肃地说："对，我们离开了党的领导活不成，离开了人民群众的支持也活不成，离开了枪杆子更活不成！"

随后，刘名榜和同志们投入了解放战争新的战斗。他们在黎明前"五更寒"②中坚持的那段苦斗，被大别山永远记忆了下来，乱石窝的红军洞群、红军洞里埋着的那把铜壶，都在诉说着他们的忠诚、坚毅和勇敢……

---

① 晏慎钧,刘时元.信念的力量——大别山红旗不倒的标志人物刘名榜[M].郑州：河南人民出版社，2018.
② 20世纪50年代拍摄的电影《五更寒》，正是反映大别山儿女在刘邓大军挺进大别山前那段坚持大别山斗争的艰苦岁月。

黑夜中的曙光

二级文物：

《捷报：武装保障秋收的第一次大胜利》

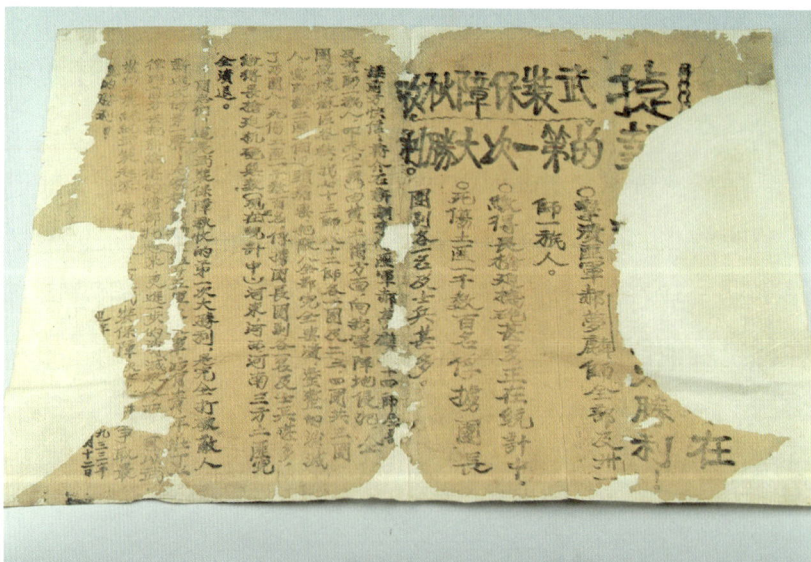

1951年9月，王树声率中央人民政府南方老革命根据地访问团鄂豫皖分团对大别山老区进行慰问。其后，河南省

文教厅组织文物工作队来新县征集革命文物，这份《捷报：武装保障秋收的第一次大胜利》（以下简称《捷报》）就是在此期间征集到的。此《捷报》是用毛边纸、黑油墨、正楷体、竖排版石印。因破损，印发单位缺失，落款日期为"一九三三年 × 月十二日"，月份不明，但主要内容依然可见。标题"武装保障秋收的第一次大胜利"醒目地横印在右半边上部，内容简明扼要地报道了黄土岗战斗取得的重大战绩，详细叙述了红军取得胜利的情况。它是红二十五军重建后坚持斗争、英勇奋战、保卫苏区的生动写照。

风雨飘摇，艰难撑危局

1932 年 10 月，红四方面军主力撤离鄂豫皖西征后，国民党对鄂豫皖苏区继续进行"围剿""清剿"，当时侵犯苏区的国民党军共有 15 个师又 3 个旅，总兵力约 20 万人。他们发布的命令是"匪区壮丁一律处决，房屋一律烧毁，粮食一律分给铲共义勇队，其余的运出匪区"。他们叫嚣"血洗大别山""铲草除根""民尽匪尽""茅草过火、石头过刀"，强行命令户户插白旗，归顺国民党，否则就要杀光、烧光、抢光。国民党军队及地方民团的反动统治，使广大群众不敢露面，田间庄稼无人收割，村庄成了废墟，群众无家可归，只得躲在深山老林的石洞中，衣食无着，生存无路，根据地遭到敌人灭绝人性的破坏。敌人一直把鄂豫皖边区视为"多事之地"，为了强化对鄂豫皖边区的反动统治，敌人居然打破省界、县界,以新集为县治,析鄂豫皖三省光山、麻城、黄安等县边地,划出一个行政区域,设立经扶县。同时,还在大别山区的湖北设立了礼山县,安徽设立了立煌县。

鉴于红四方面军西去一时不可能返回,留任鄂东北游击总司令的吴焕先及时向(中共鄂豫皖)省委建议,将留在根据地的零散部队尽快集中起来,重建一支主力红军,恢复统一的军事指挥,坚持武装斗争。11月29日,中共鄂豫皖省委在黄安县檀树岗召开会议,决定重建红二十五军,吴焕先任军长,王平章任政委,全军约7000人。随后,省委及红二十五军军部转移至鄂豫交界的箭厂河闵氏宗祠。在外有数十万敌军"围剿"、内又物资极度匮乏的情况下,红二十五军在地方党组织和广大群众的支持下,同敌人进行了艰苦卓绝的斗争。

红二十五军军部旧址——箭厂河闵氏宗祠

红二十五军重组后,革命力量逆势而生,队伍迅速壮大,战斗力迅速增强。省委根据敌人在根据地的兵力分布情况，决定集中行动，寻歼薄弱或冒进之敌。

1933 年 3 月 6 日，红二十五军在郭家河战斗中全歼马鸿逵部第三十五师两个团，俘敌 2000 余人，缴枪 2000 余支，取得了红二十五军重建后的首次大捷。此战作为成功的战斗范例，载入红二十五军战斗史册。紧接着，4 月 15 日到 28 日，红二十五军继续采取"飘忽的游击战术"，又在潘家河、杨泗寨接连打了几次胜仗，歼灭了大量敌军。一度被敌人摧残殆尽的鄂东北苏区又恢复起来，青壮年踊跃参加红军，红二十五军迅速壮大到 1.2 万余人，结束了根据地混乱局面。红二十五军这支新组建的部队，成为坚持鄂豫皖根据地斗争的新的主力红军。

一时的胜利，导致省委主要领导人头脑冲动发热，轻敌情绪又增长起来，居然号召"夺回中心城市""恢复整个苏区"，脱离实际地决定集中红军主力夺回七里坪。七里坪是位于湖北黄安县城北部、距县城 40 余里的一个大镇。敌人在镇的周围筑了围墙、壕沟、碉堡，并布上了层层铁丝网与鹿砦①，城防工事十分坚固。1933 年 5 月初，鄂豫皖省委强令红二十五军围攻七里坪。我军既无攻坚武器，又无粮弹供给保障，在战役上明显处于劣势。红军由于多日断粮，长期露宿，疾病蔓延，饿死及病死者日增。七里坪周围地区群众"忍饥挨饿每天送稀饭给红二十五军吃，但数量上是绝对不够

---

①鹿砦：用树木设置的形似鹿角的障碍物。分为树枝类与树干类两种。前者主要用于防步兵，后者主要用于防坦克。设置时可用有刺铁丝、手榴弹和地雷予以加强。

的""粮食的困难实在是到了军事上的不可能的状态"。吴焕先、徐海东多次提出撤围未允，围打43天，久攻不克，粮草困乏，红军陷入困境。无奈之下，6月30日，省委才决定将红二十五军从七里坪撤出，敌人乘势反扑，红军和根据地遭受异常严重的损失。

大兵压境，误判太平寨

七里坪战役尚未结束，蒋介石又纠集14个师加4个独立旅，计82个团约10万多人，以刘镇华为"豫鄂皖三省边区剿匪总司令"，气势汹汹地扑向鄂豫皖根据地进行第五次"围剿"。刘镇华亲自指挥8个师又4个旅共53个团的兵力，采取"尾追""清剿""堵截"的方式，扬言在3个月内消灭红二十五军。

七里坪撤围之后，鄂豫皖省委及红二十五军转移到箭厂河太平寨一带，省委机关和军司令部仍驻扎在闵氏宗祠。至今，该祠堂山墙上还保留着红二十五军政治部主任郑位三当年亲笔书写的"为保障秋收秋耕，坚决扩大红二十五军，打破敌人的新进攻"和"十月革命指示了中国工农群众的一条出路"等标语。

围攻七里坪战役的失败，并没有使省委认识到作战方针的失误。6月下旬，省委察觉到敌情有变化。此时，正好去中央请示工作的邵达夫刚刚返回，省委便于1933年7月1日和2日召开常委会议和第二次扩大会议。由于当时敌情严重，为安全起见，会议是在太平寨山顶上进行的。这次会议上，省委还是没有认识到当前是敌人对根据地的第五次"围剿"，认为敌人新的进攻，是以"破坏苏区秋收为主要目的"，把保障"秋收秋耕"作为"根据地党和苏维埃与红军唯一的任务"，提出"要在苏区内大大建筑工事，动员群众武装来把守，抵抗敌人的一切进攻"。这实质上是要求党与红军用死守的办法，以内线单纯防御来保卫根据地中心区。很快，敌人正式开始"围剿"。

遭遇劲敌，激战黄土岗

自七里坪战役打响之后，缺粮一直是困扰红二十五军的主要难题，直至太平寨会议期间，仍没得到缓解。部队从七里坪撤出后，很快开拔到麻城与光山交界地区沙窝、商城一带筹粮，未果。数日以后，听说敌人撤离黄安县城，又日夜兼程，奔向黄安附近筹粮，哪里知道又遭遇敌军迎头堵截。部队不得不折返麻城北部黄土岗一带继续从事打粮活动。湖北麻城黄土岗，地处潢（川）麻（城）公路南段，崇山峻岭，山高林密，地势险要。境内有鄂东第一河、大别山麓长江主要支流之一的举水河纵贯南北。

根据太平寨会议精神，按照省委"无论如何准备一月之粮"的要求，吴焕先率领红二十五军在福田河黄土岗一带就地筹粮。这时，郭述申带领红八十二师由皖西北来到鄂东北，寻找省委报告工作。两支艰苦转战的红军，在鄂豫交界的福田河与黄土岗一带不期而遇。一时间部队群情振奋，欢呼雀跃。吴焕先紧紧拉着郭述申的手，激动地问起皖西北的斗争形势。郭述申说，吃粮问题比起鄂东北还是稍好一些，青黄不接的时候部队也没有饿过肚子……此话再次触动了为筹粮发愁的吴焕先。

黄土岗

7月11日，国民党军郝梦龄部第五十四师一六二旅2个团，由麻城黄土岗骑龙寺至福田河一线往西，对红二十五军实行分进合击，企图一举消灭红二十五军，彻底摧毁鄂东北根据地中心区。敌精锐"钢三团""铁四团"向我军阵地发起猛烈进攻，吴焕先指挥红二十五军第七十三师和皖西红八十二师共3个团，于黄土岗一带顽强抗击敌人，给敌人以迎头痛击。广大指战员忍受着饥饿与疲劳，发扬英勇顽强的战斗精神，猛烈阻击敌人的进攻。红八十二师战斗力很强，师长刘德利也是一员虎将。战斗中，刘德利指挥全师奋力拼搏，冲锋在前，大显神威。这次战斗，两军合战，将来犯之敌全部击溃，击毙敌旅长郭子权。据战报，"俘虏敌团长、团副各一名，伤亡敌人一千多名，缴获长枪迫击炮甚多"，举水河两岸的敌军完全溃退。战后，吴焕先根据省委指示，抓紧整编部队。由于七里坪战役减员过半，决定撤销红七十三师番号，补充加强红七十四师、红七十五师。这时全军两个师共 6 个团约 6000 人。与此同时，郭述申带领红八十二师奉命返回皖西北。临别时，吴焕先和郭述申紧紧拉着手，依依惜别，互相嘱咐道："一路胜利，胜利！"刘德利含泪握别，说："军长，到皖西北去吧，那里保证有同志们吃的。"两支红军的送别场面也是别具一格：被俘号官赵凌波率领 20 多个刚刚学会吹打的小号兵，聚集在黄土岗上，"嘀嘀嗒嗒"地吹了一支送行曲……

　　当天，这一喜讯迅速传到了中共鄂豫皖省委驻地闵氏宗祠，省委书记沈泽民大喜过望，决定印发《捷报》鼓舞军民。从这份留存至今的《捷报》，我们仍然可以感受到当年他们掩藏不住的欣喜："接前方快信：蒋介石新调来的匪军郝梦麟×十四师全部，及三十一师一旅人，昨天（十一号）由黄土岗方面，向我军阵地侵犯，企图破坏苏区谷秧，我七十三师、八十二师各一团及二二四团共三团人，当即××××××迎头痛击，把敌人全部完全击溃，整整的消灭了两团人……"据《中国工农红军第二十五军战史》记载，该战斗发生在 1933 年 7 月 11 日，《捷报》中称战斗时间为"昨天（十一号）"，由此可以推断，这份《捷报》印发的日期应该是 1933 年 7 月 12 日。

　　这份《捷报》是红二十五军第五次反"围剿"斗争初期取得第一次重大胜利的红色印记，它真实地反映了红军指战员为保卫根据地中心区做出的不可磨灭的贡献。它为挖掘、研究、宣传鄂豫皖根据地革命斗争史提供了十分珍贵的第一手资料。它见证了那一段难以忘怀的峥嵘岁月，传递着不畏艰难、勇于牺牲、百折不挠的伟大精神。

大刀劈开新世界

三级文物：
杨万甲烈士在开辟柴山保根据地时用过的大刀

　　这把锈迹斑斑的大刀，全长 49 厘米，有单面护手，刃部最宽处 7.2 厘米，刀刃部已钝，有 0.9 厘米缺口。无论是谁，

一看便知这不是一把寻常的大刀，里面一定有很多故事。是的，它的主人是柴山保早期共产党员、著名革命烈士杨万甲。这把刀后来辗转到了杨世银手中，被杨世银一直小心保存，直至 1978 年，国家开展革命文物征集工作时，他才捐给有关部门。

"柴山保，杨万甲，不爱富贵爱穷家。河南湾到大朱家，串联穷人来斗法。等到穷人翻了身，又吹喇叭又扎花。"这首民谣，在 20 世纪二三十年代，广泛传唱于柴山保一带。睹物思人，这把刀把我们带回那个风云变幻、舍生取义的年代。

富家的"捣蛋鬼"

位于豫南光山柴山保的河南湾（今属河南新县陈店乡），依山傍水，山清水秀。1886 年 6 月，杨万甲便出生在村里一个富裕之家，父亲杨芳敖是一个知书达理之人，经营着祖上传下来的 30 多亩田地和一家榨油作坊、一家扎粉作坊。

7 岁时，家里把杨万甲送到邻村读私塾，可他对满纸孔孟贤文了无兴趣，经常在讲堂坐不住，偷偷跑出去和小朋友爬树掏鸟窝、下河摸鱼虾，气得先生向他父亲频频告状。由于母亲的求情，父亲也只是无奈地摇摇头，让他自由自在"混日子"。他性格倔强，逮住机会就和顽皮孩子一起捉弄先生。一次，先生炖了一罐猪大肠，准备和夫人享用，杨万甲偷偷向罐子里撒了一些米糠，先生回来一看，以为大肠没洗干净，就让家里用人拿去吃了。用人是穷困之人，平时哪能吃到荤腥？看到可怜的人能吃上有钱人的好东西，杨万甲暗自乐了好多天。

神秘的"扎粉客"

17 岁时，父母给杨万甲娶了媳妇，而且分家单过。杨万甲分到几亩水田和扎粉作坊。恨透人间不平的杨万甲，做了一个别人看来"大逆不道"的决定：和佃户一起种田一起分粮。大家一开始都以为他是说笑，没想到后来都兑现了，全村上下都说杨万甲真像梁山好汉。

农闲时，杨万甲还推着独轮车四处叫卖自家生产的扎粉。年复一年，日复一日，他的足迹遍布鄂豫两省的光山、宣化店、孝感、紫云区七里坪和檀树岗、麻城乘马岗等地。由于他性格豪爽，也结交了郑位三、曹学楷、戴克敏、陈定侯、陈文侯等朋友，这些人中很多都在柴山保有亲戚，他与他们年龄尽管相差十多岁，但志趣相投，经常来往。

1926 年秋，他又来到檀树岗陈家洼陈定侯家中。一进门陈定侯就对他说："吴焕先、吴先筹他们已经在紫云北乡箭厂河办起了农协会和红学，柴山保能不能搞起来？"他说："我先去曹门看看，再回去试试吧。"他立即到数里之外的曹门，老远就看见农协会员在红学教堂前操练。杨万甲激动地说："照这个样子能闹出名堂。"趁着曹门革命红学亮彤彤的铁炉，他打了一把锋利的大刀，偷偷带回家，准备将来大干一场。

1927 年初，他在曹学楷、陈定侯的介绍下，光荣加入中国共产党。但这个时候党是绝对保密的，河南湾人只知道他不常归家，却不知道他"在了党"。后来，他在郑位三那里拿到一些进步书刊，交给在河南湾水口寺办学堂的两个侄子杨世乾、杨世地，在学生中悄悄宣传革命思想。很快，杨万甲在河南湾建立了党组织，他担任负责人，他的几个兄弟、侄子都秘密入了党。

1927年11月13日，黄麻起义爆发。黄麻起义历经21天，沉重地打击了国民党的统治。敌人进行疯狂报复，在紫云、乘马等地大肆捕杀共产党员、农民自卫军和革命群众，鄂豫边老区陷入一片白色恐怖。为保存革命力量，黄安县委决定将陈定侯等一批革命骨干转移到孝感汪洋店。

为了保持这批骨干与老区党组织的联系，中共黄安县委指派杨万甲作为交通员，来往于两地。从此，在紫云区到汪洋店的大路小道上，经常会有一个40来岁的"扎粉客"，推着独轮车，摇着拨浪鼓，沿村叫卖。他不多言多语，只说是河南柴山保人，做点扎粉小生意聊以度日。他就是秘密交通员杨万甲。有时白天叫卖不便赶路，他就夜晚顾不上睡觉一路狂奔；有时雪漫山岗，他深一脚浅一脚，来往于两地，传递着木兰山上的胜利消息，传递着上级组织的指示，传递着鄂豫边的敌情。由于环境险恶，他把大刀藏在扎粉里面，随时以备不测。

精明的"活动家"

1928年4月，黄麻老区形势有所好转，工农革命军第七军趁机打了回来。陈定侯、杨万甲等也从汪洋店回到黄麻老区。根据杨万甲提供的情报，5月底，第七军和地方党组织领导人在河南湾的清水塘召开会议，确定开辟柴山保革命根据地。此举引起了箭厂河清乡团团总方晓亭的仇恨。6月5日清晨，浓浓大雾，对面看不清对面人。方晓亭勾结驻长冲的桂系第十八军300多人，偷袭驻河南湾的第七军。获知敌情，第七军领导人吴光浩、曹学楷立即叫来杨万甲，说："情况紧急，你人地两熟，抓紧和我们一起带领部队，分组潜入山林、田埂地坎，伏击敌人。"杨万甲背起大刀，很快把部队带入有利位置。敌人随即到来，第七军从四面开火，打得敌人晕头转向，四散逃命。杨万甲高举大刀，和战士们一起奋

勇杀敌,他一个人就抓了两名俘虏。此战伤敌数人,缴枪6支,我方无一伤亡,为创建柴山保革命根据地打下了坚实基础。

河南湾战斗旧址

柴山保有不少民间武装性质的红枪会、黄枪会,枪会情况各异,处理好了可以清除障碍,处理不好却是一股不可小觑的阻碍力量。杨万甲主动向第七军领导请缨,通过亲戚关系,打入程七湾扇子会,利用会众要回家忙农活的心理,很快瓦解了这个扇子会。此后,他又向王岗"红学"首领王宏勋引荐曹学楷,经过几次开导,王宏勋表示拥护共产党,并将王岗"红学"编为农民自卫队。接着,杨万甲又瓦解了杨湾黄枪会,与湾店红枪会达成互不侵犯的君子约定……除了枪会,他还要处理好与当地上流社会的关系。枪会是明里力量,地方势力是暗中力量,他们之间相辅相成,盘根错节。杨万甲和细吴家的吴文璐是拐弯亲戚,和郭家河的郭道昌也是世交,他带着曹学楷逐一拜访了他们,宣传党的政策,晓以大义，达成了统战关系。

8月，光山县委成立，杨万甲是县委委员。之后，县委成员迅速深入弦东区（新集、戴咀一带）、弦西区（卡房一带）、弦南区（郭家河、柴山保一带）发展党员，建立组织，发动群众。杨万甲早年就经常到郭家河刘畈一带做生意、走亲戚，对那里的情况很熟悉，因为非常喜欢村民刘成江聪明伶俐的儿子刘名榜，还和他认了干亲。这次他主动请缨到郭家河刘畈开展工作。到了刘畈，杨万甲就住在刘名榜家，白天一起干农活，夜晚促膝谈心。慢慢地，他们周围团结了一批穷哥们儿，大家说，柴山保已经闹起来了，我们也要办"穷人会"，并且公推刘名榜牵头。在杨万甲的指导下，刘畈"穷人会"悄悄成立，刘名榜和官绪周、范朝忠也在杨万甲的培养和介绍下，秘密加入中国共产党。

英勇的就义者

1928年7月间，为增强红军的战斗力，光山县委交代杨万甲、戴本新一项任务：秘密找人为红军修理武器。杨万甲、戴本新立即行动，足迹遍布柴山保、郭家河、卡房、陡山河、苏河、晏河等地，秘密串联了一批铁匠、铜匠、银匠，先后在郭家河麻布街、柴山保熊洼、北扶家等地，建起了7个修造组。开始只是摸索着修理红军缴获的损坏武器，后来研究制造出撇把子手枪，还可以造土炸弹，为红军解决了武器缺乏的大难题。1929年5月，蒋桂战争结束，桂系军阀被逐出武汉，蒋介石的势力直接深入到湖北和河南南部。从6月初开始，蒋介石命地方军阀对以柴山保为中心的鄂豫边革命根据地，连续发动"罗（霖）李（克邦）会剿""鄂豫会剿""徐（源泉）夏（斗寅）会剿"。徐向前率红三十一师，在根据地党政军民的密切配合下，采取游击战术，奋力粉碎敌人"会剿"。这期间，杨万甲组织修造组日夜奋战，为前线修理武器，有时一连几夜都没合眼，白天还得筹粮、运送武器弹药。1930年二三月，所有修造组集中迁往柴山保佛尔寺，成立兵工厂。1931年4月，兵工厂又迁到紫云熊家嘴，并在黄安、光山、麻城、陂孝北县设立四个分厂，尽管后来杨万甲脱离了兵工厂工作，但他对鄂豫皖边红军兵工事业的起步和发展，做出了很大贡献。

佛尔寺兵工厂

　　1930 年底，蒋介石对鄂豫皖根据地发动第一次"围剿"，此时红一军从京汉线已经游击到皖西地区，鄂东北根据地只有刚刚远程而来的红十五军 1000 多人和一些地方武装。时任临时鄂豫皖特委书记的曾中生，决定集中武装力量，发动根据地群众开展游击战争，实行各个击破。

　　杨万甲随光山独立团开赴七里坪南线执行任务。临行之前，他把从不离身的那把大刀送给了在乡赤卫队当战士的堂弟杨万钰，说："这把刀陪伴了我 5 年时间，现在形势危急，我要到前方作战了，你在赤卫队要听从指挥，保卫好家乡，保护好家人。"杨万甲率部到达古峰岭一带，天天鸣枪，夜夜点火，弄得敌军焦头烂额。上级命令，光山独立团和红十五军一部继续向南推进，绕道河口，在黄安城周边开展游击。12 月 16 日，河口一战歼南线来犯之敌大部，南线敌军遂处守势。27 日，另一支敌军部队自北而南大举进犯七里坪，光山独立团及红十五军北返驰援，途中与敌遭遇，杨万甲为掩护战友迅速摆脱敌人纠缠，英勇战斗，不幸负伤被俘，次日押往黄安，关进大牢。敌人百般折磨，妄图让他屈服，他紧咬牙关一声不吭。1931 年 1 月的一个早上，恼羞成怒的敌人在城东校场口将杨万甲杀害，并将他的头颅悬挂在黄安县城北门示众。

　　杨万甲兄弟五人，在他的影响下都参加了革命，有的牺牲，有的下落不明。杨万甲四十出头还没有一儿半女，但他很喜欢堂弟杨万钰的三儿子杨世银，就说："老三，把世银过继给我吧。""要得。"杨万钰爽快答应。就这样，也没什么仪式，也没经三亲六戚，杨世银就成了杨万甲的嗣子。杨万甲牺牲后，杨万钰一直把哥哥送的大刀当作哥哥的化身，见刀如见人，常常默默流泪。后来，国民党长期统治大别山，环境险恶，但杨万钰始终不舍得扔下那把大刀，他先后藏刀于床草中、屋檐下、红薯窖里、古坟里，甚至埋过菜地里，以至于大刀变得锈迹斑斑。看着杨世银一天天长大，杨万钰慢慢把养父杨万甲的故事讲给他听，嘱咐他一不要外传，二不要把刀弄丢了。杨世银听在耳中记在心上，一直把那把大刀当作"传家宝"珍藏着，直到亲手交给文物征集人员。

夜幕下的战斗檄文

一级文物：

中共鄂东北道委印发的《为肃清敌人的侦探坐探告劳苦群众书》

扫码观看视频

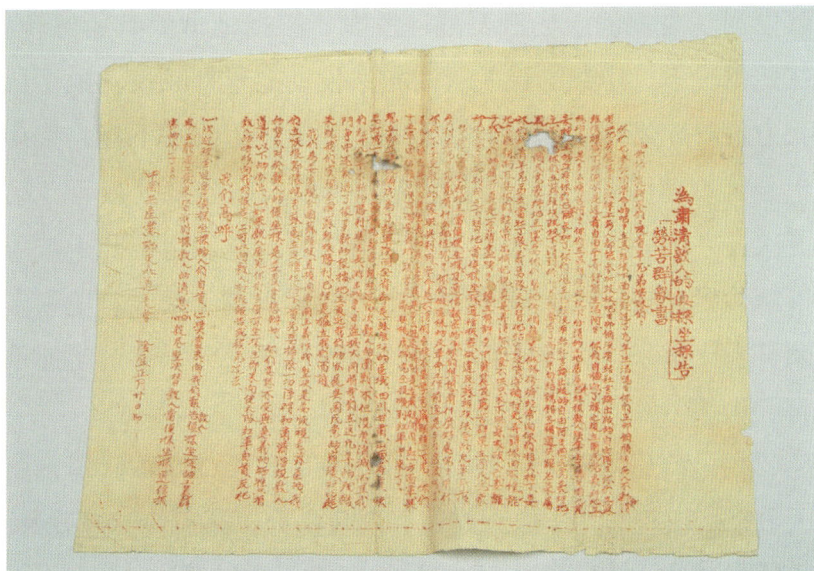

　　这是一张一尺见方、土黄色的纸张，虽不起眼，却是一份珍贵的文献：它是在三年游击战争最艰苦、大别山黑夜沉

沉的时期，由中共鄂东北道委印发的《为肃清敌人的侦探坐探告劳苦群众书》（以下简称《告劳苦群众书》）。20世纪70年代初，河南新县箭厂河新湾村村民吴先庆在自家修房时发现了这份《告劳苦群众书》。由于历时久远，页面已有破损。正是如此，方显其厚重，它见证了大别山艰苦的革命历程。透过它，我们似乎又看到了便衣队神秘的行踪、矫健的身影，思绪不由得被带回到当年的峥嵘岁月中……

艰苦斗争的创举

1933年3月至4月间，重建后的红二十五军接连取得郭家河、潘家河、杨泗寨战斗胜利，根据地形势有所好转。在此情况下，中共鄂豫皖省委贸然发动七里坪战役。由于敌我力量对比悬殊，地形对我不利，加上正值青黄不接，粮食十分困难，历时43天的七里坪战役以失败告终。接着，第五次反"围剿"中心区保卫战又遭失利，党政组织几乎被敌摧垮殆尽，根据地大部丧失，主力红军只剩千余人。地主土豪又卷土重来，大批干部、党员和群众骨干分子惨遭逮捕杀害。

在白色恐怖下，一些县、区、乡、村干部暗藏武器，白天分散，夜晚集中；白天是民，夜晚是兵，搞宣传，打敌人，灵活机动，顽强斗争，便衣队由此应运而生。

1933年8月，从皖西北返回鄂东北的省委常委郑位三，得知便衣队斗争情况后，对这种斗争方式极感兴趣，并给予充分肯定。（鄂豫皖）省委书记沈泽民在给中央的报告中，专门提出了以发展便衣队为主要内容的新的对敌斗争方式。

为发展壮大便衣队，省委专门指示中共鄂东北道委在经扶县（今新县）卡房举办便衣队训练班，道委书记郑位三亲自主持。训练班的学员都是县、区、乡党政干部和地方武装干部，学习的内容主要有政治、时事、群众工作方法、军事常识等。郑位三将便衣队任务概括为：做群众工作、侦察敌情、发展党组织、扩大武装、打击小股敌人、处决地方反动分子、负责上级党政机关和红军的给养。训练班的开办，为根据地便衣队的建立和扩大培养了骨干，播下了种子，很快，鄂豫边便衣队就达到20多支，豫东南、皖西根据地也相继出现便衣队。

新县卡房胡冲便衣队培训班旧址

人民群众的靠山

1934 年 11 月，奉党中央指示，（鄂豫皖）省委率红二十五军主力从罗山何家冲出发北上抗日，在鄂豫皖地区仅留下仍在皖西坚持斗争的省委常委、皖西北道委书记高敬亭和红八十二师及鄂东北独立团，根据地斗争形势变得更加严峻起来。

危急关头，高敬亭根据省委指示，将鄂豫皖边红军部队和部分地方武装集中起来，于 1935 年 2 月在太湖凉亭坳重组红二十八军，使大别山的红旗始终高高飘扬。红二十八军成立之初，经常遭到敌人的围攻。便衣队在为红军筹粮筹款、搜集敌人情报等方面，凸显了独特的优势，发挥了重要作用。随着党对便衣队领导的进一步加强，根据地及其周边的便衣队发展更加迅猛。至 1937 年，鄂豫皖边区便衣队达百余支，活动在 22 个县境，星罗棋布，几乎是县县有、区区有、乡乡有。

红军和老百姓本是一家人，但由于敌人的反复"清剿"和血腥屠杀，最初有些敌占区的群众不敢同红军接触，害怕敌人报复。便衣队便白天在游击区活动，晚上则深入敌占区摸情况、搞宣传。他们首先到独户村或只有几户人家的小村庄，告诉群众党和红军还留在根据地，我们回来就是解救穷人的。经过一段时间，群众逐渐打消了顾虑，主动向便衣队诉苦，要求红军便衣队替他们做主，惩处那些无恶不作的地

主、土豪、劣绅和反动派。

人民军队为人民，便衣队只要有机会就为百姓打"撑腰仗"。舒（城）霍（山）交界处的一支便衣队，深夜奔袭潜山县回龙庙，将当地欺压百姓的伪保长抓住，令其筹粮100石，怕死的保长遵命照办，便衣队将这些粮食分给了饥寒交迫的贫苦农民。随后，这支便衣队又以偷袭的方法，处决了欺压穷人的大土豪吴代元父子，打击了反动地主刘怀德。从此，回龙庙地区的土豪劣绅再也不敢猖狂。不仅如此，每当敌"清剿"队伍来犯，便衣队首先掩护群众转移。不能行走的红军家属和其他孤寡老人，便衣队便派人照顾，有时甚至亲自将其背上深山躲避。群众生活困难，便衣队便将缴获的粮食分给他们，并帮助没有劳动力的家庭开展生产。紫云区便衣队还向鄂东北道委申请拨了几千块银元，发给断粮的群众，帮助他们渡过难关。群众见便衣队神通广大，爱护百姓，信心大增。他们说："共产党的本事真大，国民党那么多队伍没有把红军打垮，现在又兴起了便衣队，看来我们穷人还有出头之日。"

打击敌人的利器

经过血与火的洗礼，便衣队逐步成长为边区游击战争中的一支生力军，在坚持大别山根据地斗争中发挥着重要作用。

一是配合主力红军作战。便衣队常常冒着生命危险，深入敌军驻地，了解敌情，为主力红军提供情报。黄安城区区委书记、区便衣队指导员郑如星三次只身进城，同地下党联系，获取敌人"清剿"计划。红二十八军和鄂东北独立团获悉情报后，将计就计，设伏歼敌百余人。赤城便衣队时常配合红二十八军攻打敌人堡垒，拔除敌人据点，两个月就协同主力红军打掉敌人堡垒 60 余座。1937 年 3 月，红二十八军根据便衣队提供的情报，发起了黄家畈王通战斗，歼敌两个营，缴获枪 400 余支、子弹 8000 发、电台 1 部。

二是独立打开白区工作局面。便衣队在各地建立了部分党、团小组和一些贫农小组、工会小组，在基层党组织和群众的帮助下，红军和便衣队的游击战争活跃起来：黄安县二程区便衣队于 1934 年五六月间，先后歼灭西张家民团和大畈村民团，附近民团随之散伙。此后，这一带再无人敢组建民团，这一地区变成了游击根据地。宣化店便衣队先后伏击下乡摊派修碉堡夫费和收税的民团，共打死反动团丁15人，影响很大。

三是开展统战分化瓦解敌人。便衣队利用敌人贪生怕死的心理，争取一些联保主任、保长、甲长暗中为红军和便衣队服务。黄安紫云区便衣队写信给陶家湖联保主任，要他保证为红军办事，他为了保命就同便衣队接头。在敌人"清剿"最猖狂的时候，便衣队夜间派人到他家中，要他给便衣队送饭。他照单办理，送饭时还特为便衣队放哨警戒。便衣队在乡村中颇有威信，许多地方的联保主任主动找便衣队商量事情，甚至连保长、甲长的任免，地主、富农收多少租，都要请示便衣队批准。自此部分乡村政权实际上控制在我便衣队手里，这些地方自然而然也成了我们的立足点、游击区。

天台山便衣队藏身洞

红旗不倒的法宝

大别山革命几起几落，但党组织一直存在，革命火种从未熄灭，红旗一直高高飘扬。这中间便衣队功不可没。

1936年12月，西安事变爆发，蒋介石被迫接受停止内战、共同抗日的条件。蒋介石一回到南京便背信弃义，立即部署极为残酷的"三个月秘密清剿"，妄图赶在国共合作正式谈判之前，一举"剿灭"鄂豫皖边区红军和便衣队。

敌人采取极其残忍毒辣的手段来对付便衣队，其中最为阴险的要算"钻心战术"。敌人在各村各寨广泛安插耳目，刺探红军、便衣队情报，以便实行精准打击。

为打掉敌人的耳目，中共鄂东北道委印发了《为肃清敌人的侦探坐探告劳苦群众书》，指出国民党反动派对我根据地的"清剿"终归是要失败的，黑暗只是暂时的，号召广大劳苦大众要树立信心，团结一致共同对敌。这份文告如同黑夜里的一束亮光，更像字字铿锵的战斗檄文，吹响了反击国民党"清剿"的号角。当它秘密散发到群众手中后，大家知道党和红军还在，便衣队就在自己身边，他们本来就对国民党反动派十分痛恨，于是纷纷举报本村及附近的坐探、密探以及他们的活动规律，便衣队根据群众提供的线索，展开"虎口拔牙"行动。黄安七里区便衣队在杨家山一带先后处决了6名敌"坐探"，歼敌保安队100余人；紫云区便衣队在马鞍山地区也除掉了数名为敌通风报信的反动分子，并打掉了两个反动民团，敌坐探、密探闻风丧胆。各地便衣队也采取夜袭、偷袭等办法，将分散在大别山中的敌人密探逐个消灭，使敌人变成聋子、瞎子，只能灰溜溜地鸣金收兵，敌人新的"清剿"计划宣告破产。

1946 年 6 月，中原突围前夕，中共中央中原局和中原军区指示长期坚持大别山斗争的鄂东地委委员刘名榜重建罗（山）礼（山）经（扶）光（山）中心县委，坚持大别山革命斗争，等待形势好转。

中原主力部队突围后，数万国民党军和地方反动武装对大别山革命力量发动了猖狂进攻。敌人四处烧杀抢掠，疯狂反攻倒算，采取封锁、搜山、设卡等手段，逢人就查；冒充我方人员，欺诈群众，破坏我党政军与群众的鱼水关系，企图扑灭革命火种。

面对敌人的疯狂"围剿"，刘名榜沉着冷静，率领中心县委和游击队，延续当年便衣队的斗争方式，时而分散、时而集中，"敌人进山、我们出山，敌人出山、我们进山"，在敌人缝隙中兜圈子、捉迷藏。大雪纷飞，他们倒穿草鞋迷惑敌人；离开藏身山洞，他们丢下银元，以试探敌人是否来过……

针对一些反动保长、甲长或被敌人收买的密探、坐探助纣为虐的行径，中心县委专门组织短小精悍的"摸瓜队"，半夜翻墙抓捕罪大恶极、民愤极大的反动分子，先后处决了一大批伪保长和反动分子，打击了敌人的嚣张气焰。影响最大的当数除掉"杜五疯子"。他随国民党军还乡后，在老巢修筑碉堡，重组反动武装，一心与人民为敌，横行乡里，危害极大，中心县委用计除掉了这颗毒瘤。革命群众拍手称快，扬眉吐气，大别山上红旗更加高高飘扬。

党领导游击队战斗在大别山

8月，坚持大别山斗争的地方党组织和游击队先后与刘邓南下挺进大别山的部队会合，以崭新的姿态投入到战略大反攻的洪流之中……

青春原是血染红

文物：

尹良太用过的手枪

在鄂豫皖苏维埃政府税务总局纪念馆里，珍藏着一把锈迹斑斑的大口径手枪，这是鄂豫皖苏维埃政府税务总局首任

局长尹良太用过的手枪。尹良太和他这把手枪的故事，至今仍在大别山传颂。

瓦解红枪会

尹良太，1903 年出生于河南省光山县柴山保尹家嘴的一个贫苦家庭。1928 年 5 月下旬，工农革命军第七军来到了鄂豫交界的柴山保。尹良太通过郑位三、石生财等人介绍，参加革命，随后加入了中国共产党。他身手矫健，敢打敢冲，足智多谋。1928 年 7 月，25 岁的尹良太当选为光山县农民委员会主席兼红枪会总指挥，挑起了翻身闹革命的大梁。

柴山保一带情况十分复杂，枪会学堂林立，红枪会遍布各个村寨，绝大多数青壮劳苦农民都加入了枪会，从早到晚，由会首（也称"学东"）领着会众画符、念咒、练法。枪会会员身穿红衣服，手持红缨枪，念着大同小异的咒语。

尹良太早年也参加过保家护院的红枪会，熟知红枪会内部情况。为分化瓦解红枪会，他制定了"团结开明的、争取中间的、打击反动的"方针，并提出了"为绅不劣和有土不豪者不杀"的口号，派可靠同志打入红枪会内部，宣传党的政策，争取下层会众。同时，利用红枪会之间、会首之间的矛盾，打击最顽固的会首，分化瓦解红枪会，广泛争取下层会众，与他们结盟，集中打击与革命为敌的红枪会。

土雷寨，位于柴山保西南部，扼鄂豫咽喉，寨势险峻，易守难攻，自工农革命军第七军到来后，这里就成了当地土豪劣绅的盘踞之处。土雷寨海拔500余米，有长石条砌成的寨墙，高6米，宽2米多，周长2000多米。当地大地主组织的民团及枪会，恃险聚众，吞符拜神，带着武装死守山寨。

工农革命军及赤卫队决心攻下山寨。为了不伤害无辜群众，尹良太率领的赤卫队配合革命军，围攻土雷寨达半个月之久，相持不下。尹良太在军事智囊会上提出不能再靠强攻，只能智取，指挥部采纳了他的建议。当天夜晚，天下起了大雨，尹良太率领5名队员组成的突击队，穿行在深山老林中，狂风夹杂着瓢泼大雨，打在脸上生疼，他们全身湿透，却全然不顾。由于他过去常常去寨内打柴，熟悉地形，突击队很快便到达寨墙脚下。

半夜时分，他们来到了陡峭的西寨门。尹良太知道这里有棵大枫树，粗枝伸进了寨墙内。只见他纵身一跃，眨眼之间就攀到了树杈处，顺着树枝很快爬到寨墙上面。其余队员也一个接一个顺着树枝翻墙入寨。他们隐藏在一块石崖后面。不一会儿，风停了，雨也住了，从西门的一间房子里走出来一个打着灯笼、满脸横肉的家伙。尹良太定睛一看，竟然是寨上的二当家。他一个箭步冲上前去，用手捂住了此人的嘴巴，挥拳将其打昏。另外几名战士一起动手，用毛巾塞住其嘴，用麻绳将其捆得结结实实。苍天有眼，这时又下起了暴雨，正好可以掩护他们的行动。于是他们又顺着原路，高一脚低一脚，天亮之前返回了尹家嘴部队驻地。中午，大部队又开始攻寨。周围青壮年纷纷拿着锄头冲担①,赶来呐喊助威。尹良太押着俘获的寨里的二当家走在攻寨队伍的最前面。

土雷寨不见了二当家,人人心中恐慌,寨主急得团团转。正当他们心神不定之时,外面竟然传来了二当家的声音:"大学东、弟兄们,寨子已被围成铁桶了,红军优待俘虏,赶紧下山吧!"立刻,寨内一片嘈杂,人心涣散,谁也不想再打下去了。寨主见抵抗无望,只得打开寨门,乖乖地率众人下山投降。

经过两个多月的分化瓦解打击,顽固不化的反动枪会被打掉,其余枪会纷纷与第七军订立攻守同盟,承诺互不侵犯。第七军很快在柴山保站稳了脚跟。随后地方党组织和第七军领导人在尹家嘴召开大会,总结开辟柴山保的工作经验,讨论以后党的组织建设、政权建设、革命武装和土地改革等问题,并作了一系列决议。

推行新税制

鄂豫皖苏维埃的税收工作,起源于以柴山保为中心的鄂豫边根据地初创时期。此时的尹良太任鄂豫边区财政经济委员会委员,后来任鄂豫边税务局局长。鄂豫皖苏维埃政府税务总局是党在建立鄂豫皖根据地红色政权后于1931年7月

①冲担,是用笔直的小毛竹或是大一点的龙须竹做成的农具,两头削尖,常常用于担柴火、稻捆、麦捆。

成立的。此时，年仅 28 岁、有着丰富后勤保障经验和组织领导才能的尹良太，被任命为鄂豫皖苏维埃政府税务总局局长。

鄂豫皖苏维埃政府税务总局旧址

万事开头难。新成立的税务总局分为内设机构和派出机构。内设机构分别为农业累进税管理科、商业累进税管理科、政策规则管理科、秘书科和便衣队；派出机构分别负责根据地内部经营征税的税务分局及红白交界进口和出口的海关分局。在人员组成方面，他把信仰坚定、吃苦耐劳、工作积极、有文化的农民与工人充实到队伍中，保障了苏维埃税收工作的有效开展。当时流行在根据地的一句话反映了当时的情况："农民头上三把刀，税多租重利息高。"革命首先是从抗租、抗粮、抗税、抗捐、抗债的"五抗"和废除苛捐杂税开始的。但根据地的建设和红军力量的壮大依然需要大量的钱粮做后盾，在走过了"打土豪、分田地"等款筹粮的初级阶段后，采取税收方式募集军政经费已经成为大势所趋。此时，让深受租税之害的劳苦大众，再次接受租税制度，很多人思想上一时转不过弯。尹良太翻山越岭，走村串户，走遍了鄂豫皖边区 27 个税务局和海关分局，广泛宣传苏维埃的税收政策。此时，根据地实施的是一种与革命渊源甚深的税收——累进税。累进税少征于穷人而多课于富人，财富越多需要纳税的额度就越大。另外，根据地内税务人员文化程度普遍偏低，商人缺少建账能力，税务人员缺乏查账能力。为了让他们适应形势需要，尹良太请出国留过洋的孝感第七税务所所长袁汉卿来税务总局举办培训班，培养了一批批税收骨干，在鄂豫皖根据地把累进税思想推进到了更加广泛的层面。苏维埃不仅在农业和商业两大领域普遍推行累进税征收方式，即便是税种名称上，如农业累进税、粮食累进税、营业累进税、进口累进税等，也一律冠以"累进税"标识。

苏区在敌人"围剿"下形势日渐紧张，税收入不敷出。在税收不足的情况下，根据地出现了超过民众承受能力的"借谷"现象，与民争利，增加了老百姓的负担，引发了部分群众的不满。针对工作中出现的问题，尹良太认真对待，提出了"民主参与，调查研究，纯收益征收"的做法，使征税环境变得十分融洽。鄂豫皖苏维埃税务总局成立以后，先后颁布实施《农业累进税》《粮食收集储藏暂行条例》等。随后，在 1931 年 11 月，又颁布实行《为粮食累进税的征收问题》，重申贫农、雇农免税，并分别调整了富农和其他群众的扣税标准，税收负担趋于缓解。苏维埃税收民主，氛围和谐，受到了苏区群众的交口称赞。

累进税深入人心的大力实施，确保了根据地的税收。在鄂豫皖苏区全盛之时，年财政收入达 800 多万银元，征收粮食实物 30 万石，其中税收的贡献超过了 40%。税收人员克服困难，粉碎了国民党对苏区的经济封锁，为促进根据地政治、经济、军事、文化建设发挥了重要作用。尹良太领导的税务总局为根据地的发展壮大立下了汗马功劳。

血洒征收路

鄂豫皖根据地的发展壮大，引起了国民党的恐慌。敌军四面进逼，形成"圆箍式"包围圈，分路合击，根据地面临从未有过的艰难。在血雨腥风、居无定所的税粮征收中，尹良太带领战友们身着便衣，随身携带米袋子、瓷缸子、驳壳枪"三件宝"，深入敌我交界处征收税粮，"红绸子，绿绫子，逮住土豪要银子"。他们在险恶的环境中奔波，到各交通要道分设税卡，征收行商税。晚上借宿老乡家，为防止敌人突袭，常常一日数迁、一夜数移，在生与死的较量中为苏维埃政权征集税粮。

奔忙在征收前线的尹良太背着驳壳枪，身先士卒，风餐露宿，与战友们同甘共苦，筹备军粮和钱款。

在鄂豫皖根据地地方武装中，武器大多是大刀长矛，可以射击的长枪极其缺乏，手枪更是异常珍贵，在队员们的心中，

每支枪比自己的生命还重要。尹良太的这把德国造精良手枪，是他的战友石生财在战斗中缴获的。1930年春天，石生财将这把手枪赠给了尹良太。这把驳壳枪还有一段曲折的传奇经历。

罗山宣化店北边有个叫作陡石岩的小村庄，住着一户吴姓人家，家徒四壁。老两口常年有病，生活全靠儿子儿媳支撑着，还有一个刚刚满月的小孙子。一天，国民党三县（罗山、光山、正阳）百货征收总局（即税卡）局长陆章率手下人来征税，要吴家拿30块银元交税。任老人好话说了一箩筐，可陆章就是不放过。他见老人的儿媳年轻，长得标致，于是起了邪念。他说："我给你一条生路，让你儿媳妇与我们一块儿去，等你们什么时候凑齐了税金，再把她领回来。"说罢，他朝手下使了一个眼色，强行将老人的儿媳拉走。走到村口，正巧碰到了老人的儿子从田地里干活回来，他举起锄头便与他们拼命。陆章掏出手枪，朝他射击，正中胸膛。当天，在这一带活动的石生财获知此事后，立即联合罗山县革命武装100多人，连夜奔赴宣化店，攻打三县百货征收总局，击毙了陆章和税警，救出了老人的儿媳，缴获了陆章的驳壳枪，没收银元2万余元。之后，这把驳壳枪一直由石生财使用，直至送给尹良太。自此，尹良太人不离枪，虎口夺税，护送粮款。

以游击方式征收税粮的税官们，不仅辛苦劳顿，日夜奔波，还要随时准备流血牺牲。

1931年夏，鄂豫皖根据地发生瘟疫，大量人口染病。到了冬天，这里又遇到了最为寒冷的天气。一天，尹良太与战友来到光山徐畈征税。这一带人口众多，敌我混杂，地势险峻，征税环境异常恶劣。尹良太与战友们不幸遭到反动地方民团的袭击，面对数倍于我的敌人，尹良太一边沉着地指挥战友护送粮款撤离，一边拿起驳壳枪向敌人猛烈射击，连续击毙几个敌人，子弹很快打光了。面对蜂拥而至的敌人，看着远去的战友，他挥手将这把爱不释手的枪扔向了深水塘中。瞬间，他身中数弹，壮烈牺牲，年仅 28 岁。之后，赤卫队员曾多次下塘打捞这把手枪，一直未果。直到 20 世纪 60 年代，在冬天修塘清理淤泥时，一位徐姓村民挖出了这把锈迹斑斑的驳壳枪，交给了有关部门。如今，这把驳壳枪已被作为革命文物收藏。

尹良太

90 多年过去，物是人非，这把驳壳枪见证了尹良太壮美的青春年华，用无声语言向人们讲述着惊心动魄的红色故事。它留下的红色基因，历久弥新，是需要我们永远铭记的宝贵财富。

一张特殊的遣散证

一级文物：

八路军总部发给赵基训的《遣散证明书》

这是回乡老红军赵基训的《遣散证明书》，纵21.5厘米，横13.7厘米，保存者将此件裱糊在一张印有"鸡蛋饼干"的包装纸上，四周是黑色框线，证书文字铅印在黑色线框内。"遣散证明书"五个字从右至左印在上方，下方即为正文，右边编号处盖有红色骑缝印，左边篆字方形章印着签发机构，最后是发证日期。

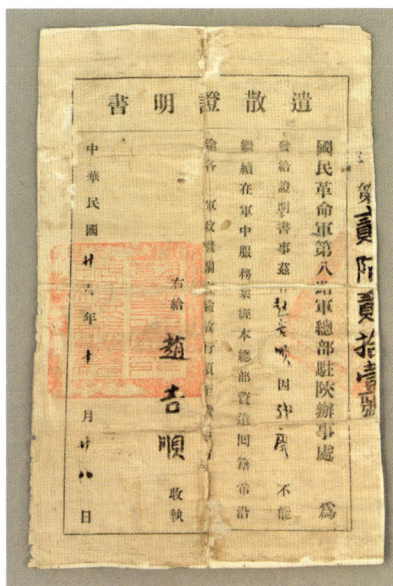

这张已经有些破损的《遣散证明书》隐藏着一段尘封已

久的红色故事。

　　赵基训，当年因发音相近被误写成了"赵吉顺"。1913年8月21日，赵基训出生于湖北省黄安县紫云区（今属河南省新县箭厂河乡）石岗村赵岗一个贫苦农民家庭，他从小就过着饥寒交迫的生活。

　　1926年，鄂豫边成立了第一个党支部。随后，农民运动风起云涌。同年6月，年仅13岁的赵基训参加了农民自卫军，后由吴焕先介绍加入共产主义青年团。从此，赵基训走上了不平凡的革命道路。1927年11月13日，他参加了举世震惊的黄麻起义，后任工农革命军鄂东军战士。小小年纪的赵基训冲锋在前，不怕牺牲，勇猛拼杀，展示出强悍善战的素质。黄麻起义后革命处于低潮，他由王树声介绍加入中国共产党，亲历了鄂豫皖革命根据地历次反"围剿"的大仗恶仗，由红军普通战士迅速成长为班长、排长、连长。

回乡后的赵基训

击落敌机

1932 年 3 月，红四方面军总部率红十师、红十一师与战斗在皖西的红七十三师会合，乘胜追击，围歼敌军。皖西重镇苏家埠，寨墙高，壕沟深，工事坚固，国民党第四十六师等部 6 个旅共 12 个团以苏家埠为枢纽，企图阻止红军向东发展。红军运用围点打援战术。22 日拂晓，担负围城任务的红军在民工支援下，不断加修工事，把火力点、掩体和战壕连接起来，形成了环绕苏家埠、韩摆渡、青山店据点的交通壕，迫使敌军坐待救援。

此时的赵基训担任红十师第二十八团机炮连连长。为了压制国民党空投物资的飞机，红军在城外修筑了一座高十几米的土山丘，架设起轻重机枪，正对着苏家埠南北长街，既能对空射击，又可以扫射地面目标。赵基训的机炮连，像一根铁钉，牢牢钉在敌军的心脏上。城内敌人外绝援兵，内乏粮秣，军心涣散。4 月下旬，蒋介石委任第七师师长厉式鼎为"皖西剿共总指挥"，率 15 个团 2 万余人，兵分两路前来增援。赵基训所在的红十师第二十八团由"围城"抽出来参加"打援"。

5 月 1 日，敌军气势汹汹，向苏家埠方向进攻。战斗异常激烈，枪声、炮声震天动地。敌机在红军头上超低空飞行，疯狂地向红军扫射、轰炸。一拨过去，又一拨敌机开始新一轮轰炸和扫射，不断俯冲。飞机飞得很低，连飞机上的字都看得一清二楚。一天早上，敌机又大模大样地飞来了，越飞越低，越飞越近，投下来一包包军需物资。赵基训仰靠在土丘的石头上，在战友配合下，举起一挺机枪瞄准一架敌机扣动了扳机，飞机油箱被击中，敌机随即拔高升空，拖着长长的黑烟，坠落在韩摆渡旁边的陡拔河中，左翼与机头插进河里，右翼搭在河岸上，机毁人亡。

　　5月8日，城中敌军全部投降。苏家埠战役历时48天，歼敌3万余人，取得了辉煌的胜利。赵基训用机枪击落敌机一架，开创了鄂豫皖红军用机枪打落飞机的先例，荣立了一等战功，受到了红四方面军总部的通报嘉奖。

浴血悲歌

1932 年 10 月，红四方面军撤出鄂豫皖根据地，向川陕转移，开辟了川陕革命根据地。1935 年 3 月，红四方面军开始长征，赵基训随部三过草地，数过雪山，历经艰辛，受尽磨难。特别是第三次穿越纵横四五百里的水草地，经受了比前两次更加严峻的考验。由于路程远，时间长，所带干粮不足，红军只能以野菜、草根，甚至皮带、牛皮来充饥。赵基训与战友们以顽强不屈的毅力，发扬吃苦耐劳和团结友爱的精神，顶风雨，冒寒冻，忍饥挨饿，8 月初，再次走出了人迹罕至的草地。三军会师后，西路军西渡黄河，挺进河西走廊。此时赵基训担任西路军教导团团长，率部义无反顾，踏上了悲壮的征程。

1937 年 3 月，西路军因寡不敌众而失利，全军被打散，饮恨祁连山。西北隆冬，气温降至零下 30 摄氏度，红军将士衣不御寒，食不果腹，爬冰卧雪，与敌周旋，极为艰难。后来，赵基训在洪安喇嘛寺与敌作战时，腿部负伤，不能随队，便与战友分散隐蔽。他潜入老百姓家养伤，伤势好转后，便拄着棍子，向着河东方向艰难地前进。沿途住山洞，宿野地，忍受着严寒与饥饿，蹒跚地行走在茫茫大漠之中。辗转数月，九死一生，只身一路乞讨，历经千难万险，回到延安，进入抗日军政大学学习，结业时被评为"优秀党员""优秀学员"。

英雄本色

抗日战争全面爆发后，赵基训随部队开赴山西抗日前线。在雁门关与日军作战时，一颗子弹从他颈部左侧穿入，从右脑门上飞出，头部被子弹打了个大洞，瞬间成了"血葫芦"。他昏迷了三天三夜，经全力抢救才转危为安，后被鉴定为"一等残废"。由于大脑致残，神志时而清醒、时而模糊，不能在军中继续战斗。周恩来亲自动员他退伍回家乡养伤，并对他说："密藏证件，永不叛党，等新中国成立，党和国家再把你接回来养起来。"赵基训听从组织安排，在延安八路军总部后方办事处办理了《红军退伍证》《一等残废证》《遣散证明书》等相关证件和《党组织介绍信》。组织派专人把他送到了黄河渡口，租用一条皮筏子送他渡河。在渡口对岸，安排了一匹快马，供他使用。走了一段，他觉得骑马的目标太大，便弃马步行，一路乞讨。到了武汉八路军办事处，办事处负责同志接待了他，并安排了他回乡养伤的具体事宜。回到家乡后，他把证件用牛皮纸包好分开藏在墙缝里、米缸中、石头缝内。他始终铭记党组织教诲，一面养伤，一面干些力所能及的农活，在家乡父老乡亲的帮助下，躲过了敌人一次次搜捕。

1949年3月底，陈锡联率领的第二野战军第三兵团（后改编为中国人民解放军第十一军）南下渡江作战，经过箭厂河石岗村赵岗时，正在后山孤龙寨上放牛的赵基训，见一支队伍由北向南而来，大军中有一个人骑着一匹枣红马，特别引人注目，赵基训定睛一看，接着大叫起来："哎呀！这不是小钢炮吗？"陈锡联向来以敢打硬仗、恶仗著称，被军中赞誉为"小钢炮"。他非常惊讶，荒郊野岭，竟然有人喊他的绰号。他下马走近一看，竟然是昔日的战友赵基训。十多年前一别，意外相见，两人百感交集。陈锡联真诚地对他说："这么多年真是苦了你了。全国马上就要解放了，我们就要胜利了，跟大军一起南下吧！"赵基训说："同战场上牺牲的战友们相比，我是幸运的，毕竟我还留下了一条命。现在我身体还是不太好，再去吃革命的饭去穿革命的衣，我心里不安啊！"

1951年8月，中央人民政府派王树声率领"南方老根据地访问团"来到新县箭厂河慰问老红军、老党员和烈军属。王树声对他说："带上一家老小，到武昌洪山军官疗养院去疗养吧，孩子们可在干部子弟学校读书。这一切我负责安排好。"他推却了，说："新中国刚刚成立，困难很多，我不能那样做。"最后，当地政府领导又要求送他与妻子一起去武昌疗养院，他一个人去了只住了两个月，又主动要求回家了。

他昔日的战友很多功成名就，有的成为将军，有的成为省部级干部。赵基训一直住着祖上留下来的几间土坯房，过着简朴而清苦的生活，从来不向国家提出任何要求。1992年春节，信阳地区行署专员冒着严寒，翻山越岭，于大年初一来看望他，看到低矮潮湿的平房，专员眼睛湿润了，当即决定拨专款让其翻盖新房。之后，市、县党委政府多次要他搬到新县红军干休所休养，他都以不给政府添负担婉言谢绝了。

　　1995 年端午节的前一天，赵基训早早起来，让孩子到村头边买了几斤猪肉。次日席间他与家人谈笑风生，大块吃肉，大口喝酒，忆过去的革命经历，赞今天的幸福生活，异常开心。这个端午节过得真是热闹，老人表现出从未有过的兴致。谁也没料到，4 天后，老人突发疾病，撒手人寰，享年 83 岁。

1972 年冬，赵基训（中）在武汉长江大桥与老战友合影

　　岁月更迭，热血浇灌的英雄之花依然枝繁叶茂。历史不会忘记他们，共和国不会忘记他们，我们更不会忘记他们。

传奇人生的见证

二级文物：
程昭谷抗大《干部履历与鉴定书》

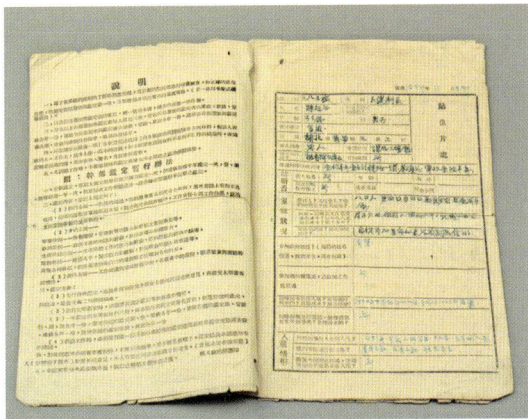

　　这是老红军程昭谷的《干部履历与鉴定书》，1991年4月1日由其夫人张春玲女士捐赠。这份鉴定书共三页五面，填表时间是"1944年11月24日"，鉴定日期为"1944年12月29日"。它是程昭谷漫长革命历程的一个见证。

兄弟红军

新县箭厂河乡何岗村程洼位于大别山群山环抱之中，左右两边各有一条山岭蜿蜒向前延伸，倒水河从湾前绕过。全湾 30 多户 200 余人。走进村庄，只觉林木茂盛，山清水秀，别有洞天。东南一公里外，便是湖北麻城市地界；向南翻过一座山，便是湖北红安县七里坪檀树岗，正是"鸡鸣听两省，狗吠三县惊"。

1913 年，程昭谷便出生在这里。他兄弟四人属"昭"字辈，父亲为他们取名为"勤、俭、谷、美"，即程昭勤、程昭俭、程昭谷、程昭美。透过他兄弟四人的名字可以看出，其父深受传统文化的影响，期盼后人耕读传家，五谷丰登，平平安安，幸福美满。

1927 年，鄂豫边一带革命浪潮风起云涌。同年 11 月，黄麻起义爆发。程昭谷的两个哥哥程昭勤、程昭俭与同村 10 多位青壮年一道，扛着长矛、鱼叉、冲担，翻过后山岭，经檀树岗至七里坪，加入了起义队伍，跟随滚滚洪流向黄安县城奔去。起义成功 21 天后，黄安县城失守，工农革命军撤出了县城，兄弟俩因为年龄小，体质较弱，组织上便让其离开了队伍，留在家乡参加革命。1930 年 9 月间，年仅 17 岁的程昭谷沿着两位哥哥参加革命的足迹，翻山越岭，步行十多里路，来到黄安县檀树岗程维德村祠堂红军招募处，报名参加红军。祠堂的围墙上写着"世人要学张国英，她劝丈夫当红军"这样的标语，鼓励大家当红军的氛围十分浓厚。识字不多的程昭谷，一直不清楚自己姓"陈"还是姓"程"，所以参加红军时名字写成了"陈绍谷"，一直到1962年经中央军委批准后方才改"陈"为原姓"程"，名"昭谷"。他1931年入党，历任红军班长、排长、连长、营长、红四方面军党委科长；抗日战争时期任冀东军分区政治部民运部部长、军分区政治部主任等职。他全身多处负伤，屡立战功。新中国成立后任武汉市公安局副政委兼政治部主任等职，1955年被授予上校军衔。

1936年，程昭谷的弟弟、年仅16岁的程昭美参加了当地红军游击队。随后，他所在的游击队编入了红二十八军，后改编为新四军。1937年3月，程昭美加入了中国共产党，后被选送到延安抗日军政大学学习。解放战争时期参加过辽沈、平津、渡江等重大战役，在锦州战役中荣立二等功。1950年被授予"华北解放纪念章""解放华中南纪念章"；1955年被授予"三级独立自由勋章"和"三级解放勋章"。曾任河南省平顶山市纪委筹建组副组长。一门四兄弟，人人闹革命，为了人民的解放事业浴血战场，战功赫赫，至今传为美谈。

苦难征程

1932年10月，程昭谷随红四方面军主力西征。红四方面军将士战新集，攻枣阳，越襄阳，至鄂北，由湖北经河南，再转陕南，来到"一夫当关，万夫莫开"的漫川关，过秦岭，涉汉水。不停顿地转移，无休止地行军，接连不断地战斗，使他们精疲力竭。之后，程昭谷他们在身穿单衣、脚穿草鞋、天寒地冻的恶劣情况下，历经千难万险，挺进大巴山，来到了川北。红军迅速打开了局面，建立了川陕革命根据地。

1935 年 3 月 28 日夜晚，红四方面军三路大军从嘉陵江三个渡口同时打响渡江战斗，开始了长征。他们采取偷渡与强渡相结合的办法，对敌发起猛烈攻击，西岸守敌措手不及。程昭谷随部队从位于苍溪县城东南 4 公里的塔子山主渡口强渡。先头部队强渡成功后，他拖着伤腿，在战友的搀扶下，从浮桥上一瘸一拐地跑过了江。翻越雪山时，程昭谷得了痢疾，泻得一塌糊涂，无力走路。风一吹，鸡蛋大的冰雹往下砸，让人难以抬头。他实在坚持不住了，就在路边坐了下来。指导员走上前来，大声吼道："陈连长，你不要命了！"经他一吼，程昭谷清醒了些，又踉踉跄跄地跟着队伍往前走。在翻越下一座更高更大的雪山时，程昭谷掉队了。他想爬起来再走，可一起身又跌倒了。他咬紧牙关，拉着战友的衣服，继续前进。

过草地日子更加艰辛。一天傍晚，程昭谷与战友们宿营在一片小树林里。林内蘑菇遍地，大家采来蘑菇穿在步枪通条上烧着吃。谁知火光惊动了林中的野兽，四下响起了一片虎熊的怪吼，战士们连连朝天放枪。程昭谷四次陷进沼泽，是战友们用棍子把他拉了上来。快走出草地的时候，又遇上了暴雨。饥渴难耐的程昭谷极度疲惫，但他抱着坚定的信念，即使走不动，也要向前爬。

铁血抗日

1937 年 8 月，程昭谷所在的红军部队在陕西三原改编成八路军第一二九师，他到了三八六旅七七二团当排长。部队很快向抗战前线开进，在山西阳泉下火车，不久就与日军交上了火。程昭谷对敌人恨之入骨，只要见到日本鬼子就红了眼，冲锋号一响立马操起家伙带头猛冲猛打，子弹打光了，就拼刺刀。之后的战斗就更频繁了：广阳侧击战、神头岭伏击战、响堂铺阻击战、百团大战，一战比一战惊心动魄。

1944 年日寇对冀东抗日根据地大举"扫荡"，时任冀东军分区民运部部长兼政治部主任的程昭谷与另外一个战友被冲散，在寻找部队途中，被日军追击。行至一个叫姚庄的村子，一位老大娘把他们藏到了红薯窖里。老人家从容地坐在窖边纺线。日军闯进她家中乱翻一阵，朝程昭谷他们藏身的窖里放了三枪，没见到人，抢了几只鸡后走了。

在敌占区，他们钻进日军的"肚子"里，专门打击汉奸，给他们记"黑红点"，汉奸干了坏事记个黑点，做了好事就记个红点。黑点多了，就提出警告，要求汉奸立下做好事的字据。除此之外，他们还经常护送过路干部。一次，冀东军区司令员李运昌到延安要过平汉铁路，程昭谷带兵护送，在马尾巴上拴了树枝，消除了马队路过的痕迹，圆满完成了任务。

激情"抗大"

在冀东抗日期间，程昭谷曾奉命到延安抗大参加学习，他被分配到离延安 45 公里外的瓦窑堡抗大第一大队。学校始终贯彻毛主席提出的"团结、紧张、严肃、活泼"的方针，严格的要求，铁的纪律，严谨的学风，使他的综合素质得到了全面提高。

他们住的是窑洞，睡的是土炕，穿的是粗布衣和自己打的草鞋。衣服不够换，就晚上洗白天穿；被子薄，就把身上的衣服脱下来盖上过夜。吃的是小米高粱面，每人每天只有五分钱菜金，每个学员一个月发一元边币（只限抗大办的合作社内部流通）零花钱。生活条件非常艰苦，学习任务十分繁重。这批学员 100 多人，都是来自各抗日根据地。他们参加革命后，主要任务是打仗，能在抗大学习，程昭谷十分珍惜，如饥似渴。虽然那时候条件艰苦，但大家都想利用这个机会好好学习。每个学员都和普通战士一样，扛长枪，背子弹袋，一同学习，一同操练，以干为荣，以苦为乐。

学习的内容很多，有政治、军事、文化、历史、地理等课程。由于学校经常遭敌机轰炸，他与学员们经常是天不亮就背着背包、扛着长枪走十几里路进山，树林当课堂，背包是凳子，两腿当桌子，就这样坚持学习。在完成学业的同时，还参加大生产运动，种菜、种粮、纺棉、喂猪、放羊，每星期还要轮流到食堂帮助做饭。抗大的文体活动丰富多彩，每逢全校集中开大会，队与队之间都会赛歌，啦啦队群情激昂，加油声此起彼伏，热闹非凡；自制的篮球架，自修的篮球场，比赛起来争夺激烈，官兵融为一体，不分上下级；每个周末一次晚会，自编自演文艺节目，宛如一个大家庭，其乐融融。

抗大学习期间，程昭谷被评为优秀学员，受到朱德总司令接见，并意外地遇到了从新四军选派到抗大学习的弟弟程昭美。毕业时，为了系统全面了解和掌握干部基本情况，以便对干部进行有计划的使用和分配，抗大政治部特制定了《干部履历与鉴定书》，学校要求每位学员自己随身保存。毕业之后，程昭谷把抗大《干部履历与鉴定书》缝在上衣的口袋里。他与其他学员一起被分配到八路军、新四军的各级干部岗位。随后，他们身背简单行装，奔赴前线，抗击日寇。

程昭谷

　　程昭谷经历过土地革命的怒潮、抗日战争的烽火、解放战争的硝烟，踏上过抗美援朝的战场。无论是在大别山还是在大巴山，无论是战争年代还是和平时期，他始终不忘初心，永葆本色，把党和人民的利益看得高于一切。在抗大学习的经历，是他毕生的财富，他始终用抗大精神激励自己，砥砺前行。这份抗大《干部履历与鉴定书》是程昭谷传奇革命人生的重要见证，浸润着忠诚与信仰，蕴含着催人奋进的力量和炽热情怀！

一张收条的坎坷经历

一级文物：

安麻经游击队大队部手枪收条

扫码观看视频

这张收条是箭厂河老共产党员、复员革命军人吴维继于1974年捐献的。它纵19.1厘米，横7.6厘米，条形毛边纸上分数个纵列写着"今收到师供给部手枪壹架吴先奎古历贰月廿八日"字样，收条上三处加盖了吴先奎个人印章，日期后面盖有"安麻经游击队大队部"长方形印章。凝视收条，吴维继的长子吴建华追忆了父亲不

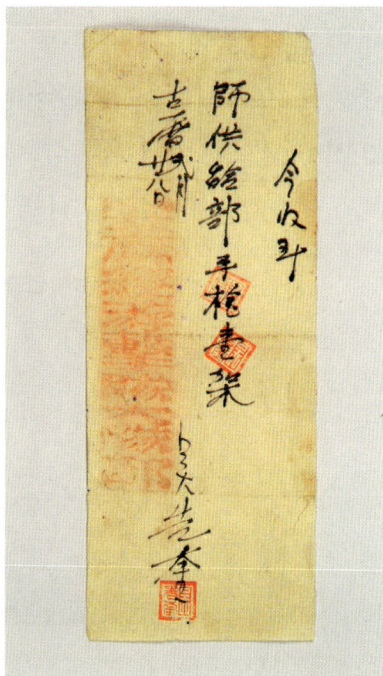

平凡的革命经历和这张收条的来龙去脉。

一

　　吴维继,1914 年 5 月出生于湖北黄安紫云区四角曹门(今属河南新县箭厂河)一个贫苦农民的家庭。他从小就给地主家放牛、干杂活,受尽了欺辱吃遍了苦,恨透了那个不合理的社会。1926 年前后,革命思想传播到鄂豫边,在本村吴焕先、吴先恩的影响下,吴维继逐步懂得了革命道理,先后参加了当地童子团、少先队、赤卫军、黄安模范营等革命队伍。

　　1932 年,吴维继参加了红军,同年 5 月加入中国共产党,参加了鄂豫皖革命根据地第三、第四次反"围剿"和川陕革命根据地反"围攻"斗争。而后随红四方面军参加了长征,先后任红四方面军第九军供给处总务科科长、留守处处长、红四方面军总兵站部供给科科长等职。西路军失败后,他九死一生,于 1937 年 10 月辗转回到老家,后找到新四军第四

郭家河月儿湾新四军第四支队留守处

支队留守处，留守处负责人安排他在家乡开展地下工作。

　　1939年秋，中共（黄）安麻（城）经（扶）工委在郭家河月儿湾成立（书记郑平），负责安麻经三县边界，即现在新县的箭厂河、泗店、田铺等地工作。不久，安麻经工委迁到箭厂河娄子洼。1940年4月，安麻经工委改为安麻经县委。这一时期，吴维继在县委的领导下，参与建立安麻经游击大队，为新四军第五师筹集物资和扩充兵员，配合新四军主力开展反顽斗争。

安麻经县委所在地——箭厂河娄子洼

　　1943年3月，蒋介石掀起了第三次反共高潮，策划在6个月内消灭新四军第五师。国民党调集了十余万兵力，分左、中、右三路向共产党领导的大别山抗日武装力量进攻。8月，桂系蒋军派一个营驻扎黄安县檀树岗，配合檀树岗、箭厂河一带的反动地方势力，大肆捕杀共产党员和抗日群众，箭厂河一带被白色恐怖所笼罩。

一天夜晚，吴维继的哥哥、地下党负责人吴维和，在家门口遭地方民团包围，寡不敌众，不幸中弹牺牲。吴维继因当天外出逃过一劫。这一时期，国民党反动派对箭厂河一带进行了拉网式的"清剿"，地下党组织遭到严重破坏。为把共产党一网打尽，国民党反动派列出了长长的抓捕名单，吴维继赫然在册，随时都有被敌人捕杀的可能。地下党组织为保存革命力量，指示吴维继等一批暴露身份的党员转移到主力部队。吴维继怀着哥哥牺牲的悲痛心情，和地下党员吴先炎、张培均等人，于 1944 年 11 月秘密前往鄂中，参加新四军第五师。

二

红军时期，吴维继一直在吴先恩带领下做部队后勤工作，有丰富的后勤工作经验。参加新四军第五师后，根据他的特长，组织安排他在独立旅供给部军需科工作。抗日战争胜利后，蒋介石准备发动内战，对我军实行经济封锁，妄图把我数万将士困死饿死。为粉碎敌人阴谋，吴维继和同志们一道，想尽一切办法，保障部队供给，而自己往往是食不果腹、衣不遮体。

1946 年 6 月，国民党军队在完成内战准备后，以 30 余万兵力悍然进攻中原解放区。为了粉碎国民党的阴谋，经党中央批准，中共中央中原局和中原军区决定实行战略转移，即历史上著名的中原突围。

为了轻装突围和减少人员牺牲，部队决定让一批老、弱、病、伤人员复员回乡，其中包括紫云区箭厂河、檀树岗一带20多人。吴维继因在长征途中负过伤，且体弱多病，也在此次复员之列。当时国共关系已趋破裂，敌人到处设置哨卡，搜捕甚至杀害中原军区的复员人员。新四军第五师领导担心吴维继这批复员的干部、战士回乡，也会遭到当地国民党势力的迫害，便采取了很多相应措施，以保证复员回乡人员的生命安全。

当时中共中央中原局书记郑位三，在吴维继返乡前交给他一项任务：负责带领箭厂河、檀树岗一带复员人员返乡。同时，郑位三还写了一封信交给吴维继，让他回乡后当面交给石子谦。石子谦是河南省经扶县参议员、箭厂河大地主、国民党地方民团的头子，与郑位三有表亲关系。郑位三在这封信里写道："新四军第五师有一批大龄伤病人员复员回乡，望你在地方给予关照，保证他们的生命安全。若他们中任何一人被国民党迫害，我都会把账记在你的头上，到时一定会找你算账！"

郑位三还特意让师供给部拨给了吴维继一把手枪，做一行人途中防身用，临行前还特别交代："任务完成后，这支手枪在你身上会给你带来麻烦，请你将它转赠给安麻经游击大队，并告诉坚持地方斗争的同志，不要被敌人吓倒，主力部队很快就会回来，我们一定会胜利。"

就这样，吴维继带领大家踏上了返乡之路，他们尽量避开村庄、大路，走山间小道，吃的是准备的干粮，喝的是山涧水，昼伏夜行，从宣化店到卡房，翻老叶湾，路过郭家河、陈店，越过木城寨，克服了重重困难，历经各种艰险，一路跋涉，终于安全回到了家乡。

把大家安顿好之后，吴维继顾不得回家，就怀揣手枪到了石子谦家。石子谦见到吴维继，十分吃惊，大声咆哮："吴维继，你的胆子还真不小，两年前抓你让你跑了，今天你还敢送上门，你就不怕我把你抓起来？"吴维继想到当年哥哥吴维和就是被他杀害的，真想掏出手枪一枪将他击毙，但组织的嘱咐犹在耳边，于是他强压怒火说："我是奉郑位三同志的命令，来给你送信的。你先看完你老表写给你的信再抓我不迟，我今天敢上门送信，就没把生死放在心上，但我告诉你，你老表在信上写得很清楚，还让我转告你，我们的部队长则一年，短则半年就会回来，你要给自己留条后路。"

石子谦看完郑位三措辞严厉的亲笔信后，态度大为转变，他连忙堆出一脸笑意对吴维继说："老表的信我看了，我尽力而为，只要你们回来不乱搞，我不会找你们的事。"郑位三的信，对石子谦和国民党地方民团极具威慑力，对保护复员回乡人员的安全起到了很大的作用。虽然当时国民党对大别山的"清剿"非常残酷，但这批复员人员，直到新中国成立之前都没有受到迫害，这是中共中央中原局、中原军区领导关心和保护的结果。

之后，根据郑位三的安排，吴维继将随身带回的手枪转赠给安麻经游击大队，并向当时安麻经县委、游击大队负责人吴先奎和箭厂河区委书记王少华传达了郑位三的指示，并要求吴先奎开具手枪收条。这是他的职业习惯，因他在红军和新四军期间都是做军需后勤工作的，养成了对物资、枪支的出入要完备手续的习惯，做到账目来往清楚，出入有据可查。于是，吴先奎用黄草纸写了一张收条，并郑重盖上"安麻经游击队大队部"印章和他的私章。

回到家里，吴维继立即将此手枪收条交给妻子汪玉兰保存，并告诉她，这张条子是他根据组织安排把手枪转赠给安麻经游击队的证明，千万要保管好，不能丢失。细心的妻子就将收条小心地缝在线提（装鞋底、鞋帮纸模和针线等女红用具）的里层，不知情的人根本发现不了。

三

1947 年秋，刘邓大军挺进大别山。不久，吴维继任箭厂河区竹林乡乡长。后来，在中共新县县委、县政府的领导下，参与重建大别山根据地的工作。解放大军南下渡江作战期间，他积极组织当地群众捐献大米、草料、干柴，赶做军鞋、衣服，筹集油、盐、蔬菜等物资，修路架桥，运输军需等，为支援前线、解放全中国做出了贡献。

新中国成立后，吴维继先后任箭厂河区区长、箭厂河人民公社管委会副主任、国营新县林场副厂长等职。在此期间，很多关心吴维继的亲友对他说："按你的资历和对革命的贡献，你的职务安排得偏低。"吴维继却说："同那些牺牲的战友、亲人相比，我能活到今天已经够幸运的了，我十分知足。"他在长征路上负过伤，导致身体长期有病，在革命军人评残中被评为二等残废，政府要发给他残废金，但他认为自己拿着国家工资，坚决不再领取残废金。

"文革"期间，吴维继在国营新县林场任副场长，被打成了"走资派"。箭厂河有个人是富农出身，新中国成立前曾是我党斗争的对象，与吴维继多次交锋，一直怀恨在心。此人认为，此时正是报复的好机会，于是向造反派报告，说吴维继复员回乡时曾带回一支手枪，后来不知去向，诬陷他将枪交给了敌人。造反派得知这一情况如获至宝，马上就对吴维继严加审讯，野蛮逼迫吴维继承认自己变节。吴维继做梦也没有想到这支手枪会给自己带来如此厄运，同时，也暗自庆幸当年将手枪交给安麻经游击队时，组织开具了收条，并保存至今，否则将有口难辩。

面对造反派的逼供，吴维继坚定地说："我是共产党员，从未做过对不起党的事！那支枪我根据郑位三同志的安排，交给了安麻经游击队，是交给了党组织。当时游击队的负责人吴先奎同志还给我打有收条。说我把枪交给了国民党，是有人别有用心、颠倒黑白，是可耻的诬陷！"随后吴维继让妻子汪玉兰将保存了20多年的收条拿来。在铁的证据面前，造反派哑口无言，吴维继免遭一劫。

直到1974年，形势有所好转，吴维继深知这张收条不仅是自己将手枪交给地方党组织的证据，更是当年党组织对复员人员和地方同志的关心、爱护、鼓励的见证，应该让更多的后人了解这一历史。因此，他便于当年向政府捐献了此收条。

参考文献

［1］中共鄂豫皖省委给中共中央的报告，1933年1月5日.

［2］中共鄂豫皖省委通告第一〇八号，1933年7月5日.

［3］中共鄂豫皖省委第二次扩大会决议案，1933年7月9日.

［4］中共鄂豫皖省委给中共中央的报告，1933年8月2日.

［5］中共河南省委党史研究室,中共安徽省委党史研究室.鄂豫皖革命根据地史[M].合肥：安徽人民出版社,1998.

［6］中国工农红军第二十五军战史编审委员会.中国工农红军第二十五军战史[M].北京：解放军出版社,1990.

［7］卢振国.血沃中原——吴焕先传[M].郑州：河南人民出版社,1987.

［8］中共河南省委党史资料征集编纂委员会.鄂豫皖根据地首府新县革命史[M].郑州：河南人民出版社,1985.

［9］　郭家齐,彭希林.红安县革命史[M].武汉：武汉大学出版社，
　　　　1987.

［10］　晏慎钧,刘时元.信念的力量——大别山红旗不倒的标志人
　　　　物刘名榜[M].郑州：河南人民出版社，2018.

［11］　中共岳西县委党史研究室.红二十八军在岳西——鄂豫皖
　　　　三年游击战争[M].中央文献出版社，2008.